追及！安倍自民党・内閣と小池都知事の「政治とカネ」疑惑

舛添問題の源流から考える

上脇　博之

日本機関紙出版センター

目次

はじめに　4

第1章　安倍自公与党が推薦した舛添前都知事の公費・政治資金問題　7

1　「政治とカネ」問題でも猪瀬知事から舛添知事へ　8

2　舛添要一東京都知事を刑事告発　16

第2章　自民党の小池百合子・新都知事の政治資金問題　25

1　「独りぼっち作戦」の小池百合子・元防衛大臣の組織的選挙運動と政治資金　26

2　小池新都知事の政治資金体質は自民党東京都支部連合会と基本的に同じ！　34

3　衆議院議員時代の政治資金問題　37

第3章　甘利明元経済再生担当大臣の口利き・タカり事件　53

1　甘利明元経済再生担当大臣らの刑事告発　54

2　東京地検特捜部の不起訴処分と東京検察審査会への審査申立　82

第4章　安倍内閣の閣僚・元閣僚らの政治資金問題　93

1　西川公也元農水大臣の「補助金被交付企業からの政治献金受領」問題　94

2　森山裕前農水大臣の談合企業からの政治献金受領問題　101

3　西川元大臣・森山前大臣らの違法寄付受領事件　102

4　島尻安伊子前沖縄北方担当大臣への補助金還流　106
5　馳浩前文科大臣への補助金還流事件　109
6　安倍晋三首相の補助金還流政治献金受領問題、「大臣規範」抵触の政治資金パーティー、セコイ支出　113
7　高市早苗総務大臣の政治資金規正法違反事件　122

第5章　下村博文元大臣と加藤勝信大臣らの無届け政治団体問題　125

1　下村博文元文科大臣の無届け「○○博友会」事件　126
2　加藤勝信大臣らの「国民医療を守る議員の会」事件は第2の「博友会」事件　138

第6章　自民党本部・支部の「政策活動費」名目等の使途不明金　141

1　自民党本部の使途不明金「政策活動費」　142
2　自民党山口県支部連合会でも同様に使途不明金　146
3　自民党東京都支部連合会でも類似の使途不明金　150

終章　「政治とカネ」に関する改革案　155

1　保守政党のバブル状態の収入とその見直しの必要性　156
2　政党交付金の次善改革　161
3　使途不明金の根絶のための改革　163

おわりに　170

はじめに

舛添要一氏が政治資金問題などの責任追及を受け、6月15日午前、東京都知事の辞職願を提出し、同日午後、都議会で承認され、21日、都知事を辞職しました。

実は、その問題の一部は、私が共同代表を務めている「政治資金オンブズマン」が2014年2月の都知事選挙の投票前に指摘し、警鐘を鳴らしていた問題でした。舛添氏が代表を務めていた「新党改革」本部が借入金の返済を、迂回させた政党交付金（税金）で返済していた問題については、私のブックレットでも指摘しました（詳細については、上脇博之『誰も言わない政党助成金の闇』日本機関紙出版センター・2014年を参照）。

しかし当時、マスコミは私たちの指摘を紹介することも、独自の調査をして問題点を指摘することもありませんでした。都知事選挙後も同様でした。

2年余が経過して、マスコミは、やっと問題視し、独自の調査をしてまで報道するようになり、都知事選挙で舛添氏を推薦し支援した自民・公明両党は、当初、野党の追及姿勢とは異なり、静観していましたが、世論の批判を無視できなくなり、7月10日の参議院通常選挙にマイナスの影響が出ることを恐れて、「追及のポーズ」へ、最終的には「追及」へと態度を変えざるを得なくなりました。しかし、自民党は不信任案提出を回避するために裏で舛添氏を説得して都知事の辞職願を提出させ、かつ、都議会における百条委員会の設置に反対し、真相解明に蓋をしました。これでは、トカゲの尻尾切りです。

また、政治資金の法的問題、政治的・倫理的問題は、舛添前都知事だけの問題ではありません。甘利明元大臣の口利き事件のほか、政治資金規正法違反事件は自民党の衆参国会議員に蔓延しています。舛添前知事の「政治とカネ」問題の源流は、自民党とその所属議員の金権体質にあり、舛添前都知事は、その手口を模倣しただけだからです。

自民党は政治資金を政党交付金（税金）に依存しているので、同党とその議員らの政治資金問題は、事実上政党交付金問題でもあります。

もっとも、ここ数年に限定しても、私が把握している、自民党議員の「政治とカネ」問題を本書ですべて紹介することは、本書の紙幅の制約があり断念せざるをえません。そこで、元大臣と現大臣の問題・事件を中心に紹介することにします。とはいっても、それでも、そのすべてを紹介するにも限界があります。

複数の大臣の事実上の辞任

安倍晋三首相が２０１４年９月初めに第２次安倍改造内閣で抜擢した２名の女性閣僚（小渕優子大臣、松島みどり大臣）が、同年10月に、違法または不適切な「政治とカネ」問題で辞任しました。両大臣の問題の詳細については、すでに拙著で紹介しています（参照、上脇博之『告発！政治とカネ』かもがわ出版・２０１５年３頁—21頁）。

追い込まれた第２次安倍改造内閣は、衆議院の解散総選挙を強行し、自公与党は、民意を歪曲する「小選挙区効果」で「３分の２」を超える議席を維持したものの、「政治とカネ」問題を抱えていた江渡聡徳防衛大臣が第3次安倍内閣（2014年12月24日）での再任を辞退するに至りました（事実上の3人目の大臣辞任）。

その後、第3次安倍内閣では昨15年2月23日に西川公也衆議院議員が全く反省しないまま農水大臣を辞任しました（実質4人目の大臣辞任）。同内閣では、その後、安倍首相を含む多くの大臣の「政治とカネ」問題が雨後の筍のように発覚し続けました。

しかし、マスコミは辞職した舛添前都知事の問題のように厳しく追及する報道をしていません。また、「政治とカネ」問題の根絶に向けて制度改革すべきですが、自公与党は、法律を改正すべきであるとの議論に至ってもいません。

本書の構成

そこで、本書では、まず、元自民党の舛添前都知事の「政治とカネ」問題を振り返り（第1章）、7月31日の都知事選挙で当選した自民党の小池百合子新都知事の政治資金問題を指摘します（第2章）。

次に、安倍晋三内閣の閣僚らの政治資金問題について、大まかにグループ分けして取り上げ紹介し、それぞれの問題点を指摘します（第3章～第5章）。さらに、自民党は、本部でも支部でも、使途不明金となっている支出を続けているので、そのことを紹介します（第6章）。

そして最後に、「政治とカネ」問題の防止に向けた改善策を提案します（終章）。

第1章

安倍自公与党が推薦した
舛添前都知事の公費・政治資金問題

1 「政治とカネ」問題でも猪瀬知事から舛添知事へ

◆猪瀬直樹東京都知事を刑事告発

作家の猪瀬直樹氏は、石原慎太郎・東京都政時代（1999年～2012年）の2007年から都副知事をしていました。石原氏が都知事任期途中で衆議院総選挙に立候補するために辞任したために、猪瀬副知事は、12年12月16日執行（衆議院総選挙と同日）の都知事選挙で、前職の石原氏から後継指名され、「無所属」で立候補し、公明党、日本維新の会、自民党の支持または支援を受け、史上最多の約434万票を得て初当選しました。

しかし、翌13年11月22日付「朝日新聞」東京本社版朝刊（大阪本社版は夕刊）が「徳洲会、猪瀬氏側に5千万円　都知事選前、捜査後に返却」とスクープ報道しました。

私を含む計31名は、猪瀬知事を刑事告発することにし、同年12月8日に代理人の弁護士を通じて告発状を東京地検特捜部に郵送しました。

私たちが告発した事実と罪名は、以下の3点でした。

①猪瀬氏が徳洲会の徳田虎雄氏から5000万円の「寄付」を受けながら、その明細書を出納責任者に提出しなかった罪（公選法第186条・第246条の明細書提出義務違反罪）。

②それを通じて、猪瀬氏が、事情を知らない出納責任者を使って、選挙運動資金収支報告書に虚偽の記載をさせた罪（同法第246条の選挙運動資金収支報告書虚偽記入罪）。

③公職の候補者が一個人から受領できる寄付の上限金額は年間150万円なのに、猪瀬氏がそれを超えて5000万円もの寄付を受けた罪（政治資金規正法第22条・第22条の2・第26条の量的個別規制違反罪）。

私たちの告発状送付についての報道から10日後の同年12月19日、猪瀬氏は東京都知事を辞任する意向を表明し（都議会では、いわゆる百条員会の設置が見送られ）、24日に都議会が辞任を了承し、辞任するに至りました。

翌14年3月28日、猪瀬氏は「略式起訴された」と報道されました。同日夕方、私たち告発人の代理人である弁護士から、東京地検特捜部から次のような連絡があった、との知らせが届きました。

猪瀬氏が受け取った5000万円は「寄付」ではなく「借入金」であり、収入欄にそれを記載すべきなのに記載しなかったとして公職選挙法の選挙運動費用収支報告書の虚偽記載罪で罰金50万円の処分にし、寄付の明細書の提出義務違反及び政治資金規正法違反については嫌疑不十分で不起訴処分にした、と（詳細については、上脇博之『追及！政治とカネ』かもがわ出版・2015年60～70頁を参照）。

◆田母神俊雄元航空幕僚長の買収事件等

猪瀬氏の都知事辞任に伴い執行された14年2月9日の都知事選挙において、元厚生労働大臣で自民党にも所属していた経歴のある舛添要一前「新党改革」代表が、「無所属」で立候補し、自民党、公明党、新党改革、連合東京の推薦を受け、211万票余りを獲得して当選しました。

この都知事選挙で、田母神俊雄元航空幕僚長は、当時「維新の会」共同代表の石原慎太郎氏などの支援を受け立候補し、落選したものの、61万票余りを獲得し4番手でした。この田母神氏は、当時の選対事務局長とともに、今年4月14日逮捕され、5月2日に起訴されました。容疑は、都知事選で田母神氏に投票を呼び掛けた運動員に報酬を支払ったという公選法違反（運動員買収罪）です。昨15年3月5日号の「週刊文春」は、都知事選の「買収リスト」を入手したと報道していました。被告人・田母神氏は、東京地裁で開かれた今年6月27日の初公判で「報酬として現金を配ったことはない」として無罪を主張しました。7月14日、東京地裁は、出納責任者（当時）に対し、懲役1年6月、執行猶予5年（求刑・懲役1年6月）の有罪判決を言い渡しました。

もっとも、今年3月8日に、田母神氏の資金管理団体「田母神としおの会」（当初「東京を守り育てる都民の会」）の事務所などが家宅捜索されたときの容疑は、業務上横領の疑いで、元選対本部長が田母神氏らを刑事告発していた容疑も、その容疑でした。

田母神氏は落選した都知事選挙に「無所属」で立候補し落選した後、「太陽の党」、「次世代の党」（現「日本のこころを大切にする党」）に所属し、14年12月の総選挙にも立候補したものの、落選しています。両党支部と資金管理団体の同年分の各政治資金収支報告書には、合計5549万円余りの「使途不明金」が計上されていました。政治資金は、買収に使われたほか、横領もされたようです。「買収リスト」には「閣下」（田母神氏）にも1400万円が渡されたと明記されていました。

ところが、東京地検特捜部は、告発されていた業務上横領罪につき、田母神氏を嫌疑不十分で不起訴処分に、元会計責任者を起訴猶予処分にしました（「田母神被告、業務上横領罪は不起訴　東京

地検特捜部」産経新聞2016年7月2日13時19分)。

◆舛添要一都知事の高額な海外視察問題

都知事選挙で当選した舛添要一知事(当時、以下同じ)についてですが、まず、都知事選挙後の公金の使い道でいえば、舛添都知事は、14年2月の就任以来、今年4月に問題視されるまでの約2年間に海外視察に計8回行っていますが、その経費は総額2億1200万円に上ります。舛添知事の海外視察費用を子細に見てみると、都知事に就任して最初の5回分の海外出張費のうち、最高額は、北京、ソウル視察の約3000万円で、他は大体1000万円程度に納まっています。これらが少額だったとはいえませんが、前任の猪瀬直樹知事時代から決まっていた視察だったのかもしれません。経費の使い方が極端に明らかに変わったのは14年秋のベルリン、ロンドン出張で、約7000万円かかっています。このあたりから舛添知事の意向が強く反映しているのではないでしょうか。

昨15年秋の5泊6日のパリ、ロンドン視察では5000万円超を支出しており、飛行機はファーストクラスで266万円(知事1人分、往復)、宿泊費は一流ホテルのスイートルームで1泊19万8000円(知事1人分)です。都の条例によれば、知事の宿泊費の上限は4万2000円のようですが、舛添知事は、その上限の約5倍の豪華な部屋を使っていたわけです。

そのうえ、同行者の人数も多かったようです。去年のパリ、ロンドン視察や一昨年のベルリン、ロンドン視察の同行者は20名でした。

舛添都知事の海外視察（都議会のホームページの情報をもとに上脇が作成）

出張先	期間	日数	出張人数・経費	1日平均
ニューヨークC. ワシントンD.	平成28年4月12日（火） ～4月18日（月）	7日	○出張人数　16名 ○総経費　3413.8万円	487.7万円
パリ ロンドン	平成27年10月27日（火） ～11月2日（月）	7日	○出張人数　20名 ○総経費　5041.9万円	720.3万円
ソウル	平成27年10月19日（月） ～10月20日（火）	2日	○出張人数　11名 ○総経費　644.8万円	322.4万円
ベルリン ロンドン	平成26年10月27日（月） ～11月2日（日）	7日	○出張人数　20名 ○総経費　6975.9万円	996.6万円
仁川	平成26年9月19日（金） ～9月21日（日）	3日	○出張人数　15名 ○総経費　1028.7万円	342.9万円
トムスク （ロシア）	平成26年9月3日（水） ～9月8日（月）	6日	○出張人数　12名 ○総経費　2363.7万円	394万円
ソウル	平成26年7月23日（水） ～7月25日（金）	3日	○出張人数　11名 ○総経費　1007万円	335.7万円
北京	平成26年4月24日（木） ～4月26日（土）	3日	○出張人数　9名 ○総経費　1094.3万円	364.8万円
ソチ （ロシア）	平成26年2月21日（金） ～2月25日（火）	5日	○出張人数　8名 ○総経費　3149万円	629.8万円

◆石原慎太郎都知事の高額な海外視察（海外旅行）問題

石原慎太郎都政のときも高額な海外視察が問題になりました。日本共産党東京都議団の調べによると（参照、「しんぶん赤旗」２００６年11月17日、18日）、当時判明した19回中、15回分の合計が２億４０００万円。さらに招待側からの一部負担があった４回分を除くと、１回の出張が２０００万円前後で（この中にSP費用は含まれない）、「典型的な観光旅行」ではないかと批判される視察もありました。最高は２００６年５月のイギリス・ロンドン・マン島出張で約３６００万円。ガラパゴス視察は１４５０万円、レッドウッド・グランドキャニオン視察は２１００万円。ダボス・パリ出張は２８００万円で、他の地方自治体の知事の海外視察と比較しても高額でした。

自治体職員の旅費は条例で定められています

知事の海外出張　東京都と他県の比較（万円未満四捨五入）

	訪問先	期間	人員	総費用（万円）	1人分（万円）
東京都	アメリカ合衆国（レッドウッド国立公園）	9泊10日	11人	2136	194
	イギリス（ロンドン）・マン島	6泊7日	18人	3574	199
神奈川県	ドイツ・バーデンビュルテンベルク州訪問および英国、フランスとの経済交流	7泊8日	7人	336	48
	米国・シリコンバレー等への訪問	7泊8日	3人	233	78
埼玉県	メキシコ親善訪問団派遣	6泊7日	7人	664	95
	アメリカ合衆国・オハイオ州訪問	7泊8日	8人	817	102
千葉県	アメリカ合衆国（ウィスコンシン州、オハイオ州）	5泊6日	6人	437	73

が、その2倍〜3倍で、最高6・6倍の高額なホテル代を支払っていました（ちなみに条例で決められた都知事ホテル代上限は4万200円で、これは首相と同額）。

しかし、当時、都議会のチェック機能が働きませんでした し、マスコミの批判・追及もほとんどありませんでした。あの時、都議会の自公与党がきちんと厳しく監視し、「歯止め」をかけていれば、舛添知事の海外視察が高額になることもなかったのではないかと思えてなりません。

◆舛添都知事の国内視察問題と公用車問題

舛添知事の場合、国内視察においても、問題が指摘されました。本来、保育園不足や福祉など、都政には課題が沢山あるはずで、舛添氏は、都知事選挙の公約にも掲げていたことですが、それなのに、昨春から1年間余り間に、視察先の7割超が美術館や博物館でした。保育所や介護の視察がゼロだったのも非常に気になります。都知事選の公約を実現する気があるのか問われました。

さらに、舛添都知事が毎週末、東京を離れ、公用車で神

石原都知事と夫人、特別秘書の海外出張経費（万円未満四捨五入）

出張先	石原知事	宿泊費（条例の額との比）	知事夫人	特別秘書
ガラパゴス諸島（2001年6月）	447	82（2.01倍）		431
ワシントンD.C.（2001年9月）	554	79（3.27倍）	204	286
ダボス、パリ（2004年1月）	946	41（1.99倍）		185
グランドキャニオンなど（2004年6～7月）	504	40（1.61倍）	147	257
ワシントンD.C.、ニューヨーク（2005年11月）	677	64（2.65倍）		223
ロンドン、マン島（2006年5～6月）	839	40（2.11倍）		282

奈川県湯河原町の別荘に行っていたことも問題視されています。「週刊文春」のスクープ（2016年5月5・12日号）がきっかけでしたが、同誌によれば、この1年間で、合計49回も公用車で「別荘通い」をしていました。

舛添知事は股関節手術後のリハビリのために「週に一度くらいは広い風呂で足を伸ばしたい」と説明しましたが、都道府県の知事は、災害が起きた際に災害対策本部長を担い、1分でも早く県庁に駆けつけて情報を収集し、対策を講ずるのが仕事なので、いつでも都庁に駆けつけられる場所にいるのが本来都知事のあるべき姿でしょう。危機管理の点で、知事が毎週自らの自治体を離れるなど極めて異様な事態です。

加えて、「公用車での別荘通い」は、税金の無駄遣いの観点からも批判を免れません。ハイヤーで都庁から湯河原までの往復は約8万円かかるそうですから、年49回で単純計算すると、ざっと400万円で、それに加え、人件費やガソリン代もかかります。

その後、プロ野球観戦等にも家族同伴で公用車を使用していたことも判明しています。

海外視察の事例と合わせて、今後、都民から返金を求める住民監査請求がなされ、住民訴訟になりうる可能性があると思います。

◆舛添都知事の過去の政治資金の私物化問題

舛添氏の政治資金の点でいえば、例えば、参議院議員だった2009年から、彼の政党支部や資金管理団体が、夫人が代表取締役を務めるファミリー企業「舛添政治経済研究所」に、事務所費・毎月44万円を支払い、その後の6年間で合計約3000万円が流れています。今回このことが改めて注目され、批判を浴びました。政治団体の事務所は、以前のテレビ報道を参考にすると、夫人が代表の会社と共有ではないかと推測されますので、地元の不動産の相場よりも明らかに高額な値段設定ではないでしょうか。

また、舛添氏は知事になる前に、「龍宮城スパホテル三日月」の宿泊費を「会議費用」、自宅近くの天ぷら料理屋やイタリアンレストランの私的な飲食代約7万円を「食事代」、美術品、絵画、骨董品等の購入費約580万円を「資料代」として政治資金から支出していました。これらはすべて私的なもので政治活動とは言えませんから、虚偽記載になります。

通常「資料代」とは、国会で質問するなどの政治活動に使う資料の購入費が該当します。美術品の購入費を「資料代」と書いておけば「セーフ」にできると考えたからでしょう。マスコミの記者に質問されて「国際交流だ」だと弁明したのは、後知恵でしょう。政治資金規正法では、政治活動であって、かつそれに要した費用を支出するという内在的制約がありますが、使途に関する明文の制限がありません。そこに付け込んだ狡賢いやりかたのように思います。

舛添氏は、国民1人年間250円の血税である政党交付金を受け取る政党、すなわち「新党改革」時代にそのお金で美術品、約580万円を購入しています。ところが、舛添氏は都知事出馬時に離党して「無所属」になっており、彼の政党支部だった新党改革比例区第四支部も、個人の資金管理団体だった「グローバルネットワーク研究会」も、すべて解散しています。つまり美術品はどこにも返還されず、舛添知事の思うまま処理され、個人資産になってしまっている可能性が高い。これは会社の解散時に残っていた絵画などを持ち逃げしたに等しく、「業務上横領」に該当するでしょう。

なお、舛添知事は、政治団体「泰山会」の資産にしたと都議会で弁明しましたが、もしそれが真実だとなると、美術品等を贈与した政治団体も、贈与を受けた政治団体も、それを全く記載していないので、政治資金規正法違反(不記載罪)に該当しますし、政治団体「グローバルネットワーク研究会」が解散直前に「泰山会」に寄付した合計額は4959万6689円なので、それに美術品等の贈与を加えると、年間の寄付の上限5000万円を超え、政治資金規正法違反になってしまいます。

舛添氏の説明に89%の人が「納得できない」と答え(JNN世論調査)、77%の人が「辞任すべき」と答えていました(毎日新聞世論調査)。その世論に押されて、与党の自公も静観から追及へ変わり、舛添氏は都知事を辞任するに至ったのです(以上については、片山善博/増田寛也/上脇博之の鼎談『文藝春秋』」2016年7月号を参照)。

2 舛添要一東京都知事を刑事告発

私は、舛添要一都知事らを政治資金規正法違反（虚偽記載罪）と業務上横領罪の容疑で刑事告発するために、5月10日付で告発状を代理人の弁護士を通じて東京地方検察庁に送付しました。

前者の容疑である政治資金規正法違反（虚偽記載罪）は、三つあります。①家族旅行による宿泊費を政治資金収支報告書に「会費費」と記載したこと、②家族の食事代を政治資金収支報告書に政治活動のための「飲食費」と記載したこと、③自身の趣味のための美術品などの購入代を政治資金収支報告書に政治活動のための「資料代」などと記載したことです。

業務上横領罪の容疑は、政治団体が購入した美術品などを同団体解散後に横領したことです。

◆舛添要一氏について

舛添要一氏は、「新党改革比例区第四支部」の代表（支部長）を、10年から14年1月31日に同支部が解散するまで務めていました。また、同人の資金管理団体であった「グローバルネットワーク研究会」の代表でもありました。

「グローバルネットワーク研究会」は、13年分政治資金収支報告書を14年5月23日に、14年分政治資金収支報告書を同年8月20日に、それぞれ東京都選挙管理委員会に提出しています。

(1) 政治資金規正法違反（虚偽記入罪）の告発事実

◆千葉県木更津市のホテル「龍宮城スパホテル三日月」における「会議費用」

「グローバルネットワーク研究会」は、13年分政治資金収支報告書に、「組織活動費」として同年1月3日に「龍宮城スパホテル三日月」に対し23万7755円を「会議費用」として支出した旨記載していました。また、14年分政治資金収支報告書にも、「組織活動費」として、同年1月2日に「龍宮城スパホテル三日月」に対し13万3345円を「会議費用」として支出した旨、記載していました。

政治団体の政治資金収支報告書の「組織活動費」の支出は、当該政治団体の組織活動に要する経費でなければなりませんが、「グローバルネットワーク研究会」の前記の両支出について、「週刊文春」が取材したところによると、「龍宮城スパホテル三日月」の関係者は、「2回とも、会議は一切、開かれていません」「舛添さんはお子さんを連れて、慰安旅行でご利用されていました。13年はご家族で2泊された記録が残っています。14年は1泊だと思いますが、温水プールでお子さんと遊んでいました。いずれの年もグレードの高い部屋に泊まったと思います」と証言していましたし、また、今年5月11日に放送されたフジテレビの報道番組「直撃LIVE　グッディ!」は、同ホテルに取材して「ここ何年かは正月三が日に会議は開かれていない」と報じました。

このように、「龍宮城スパホテル三日月」の利用が、会議が一切開かれておらず、子どもを連れた家族での慰安旅行であって、会議が一切開かれていないのであれば、「グローバルネットワーク研究会」の組織活動に要する経費とはいえず、同政治団体の会議費には該当しません。したがって、同ホテルの利用代金は「グローバルネットワーク研究会」の組織活動に要する費用たる「会議費」ではなく、単なる家族旅行代金であるにもかかわらず、これを「グローバルネットワーク研究会」の組織活動に要する費用たる「会議費」として収支報告書に記入することは、政治資金収支報告書への虚偽記入行為となります。

舛添要一氏は、自身が同ホテルを家族旅行で利用している以上、前記虚偽記入行為は、「グローバルネットワーク研究会」の代表である舛添要一の意向を無視して行われたとは考えられません。したがって、舛添要一氏は、会計責任者と共謀の上、「グローバルネットワーク研究会」の13年分および14年分の各政治資金収支報告書の支出欄に、前記のように、いずれも「会議費用」として支出した旨、虚偽の記入をしたのです。以上の行為は、各々政治資金規正法（第25条第1項第3号）に違反し、虚偽記入罪に該当します。

舛添都知事は、今年5月13日に開いた記者会見において「龍宮城スパホテル三日月」の利用に関して、「いずれも同ホテル内の宿泊していた部屋で事務所関係者らと会議をしていた」と説明をしました。しかし「誰と会議を行ったか」の質問等には「政治的機微にわたることなどで回答できない」と説明していますが、およそ信用できません。

なお、「この2件の会議費については、収支報告書の訂正、削除をした上で返金したい」と説明しています。解散した団体に返還するというのは理解不能ですが、おそらく「グローバルネットワーク研究会」から解散後設立した「泰山会」に寄附した旨の記載だけをすることになりますが、政治資金収支報告書は訂正され「返金」しても、一旦支払った事実を記載している以上、その虚偽記入罪の成否には影響しません。

◆「天富良かんの」等飲食代金

「グローバルネットワーク研究会」は、13年分及び14年分政治資金収支報告書に、「組織活動費」として「飲食代」又は「食事代」を支出した旨記載していました。

政治団体の政治資金収支報告書における「組織活動費」たる支出は、当該政治団体の組織活動に要する経費でなければなりませんが、「飲食代」等の支出について、「週刊文春」が取材したところによると、「高級天麩羅『K』（「天冨良かんの」のことであると思われる。）」の常連客は、舛添要一が同店において「いつも家族と一緒にコースを頼まれていますね。都知事になってから回数は減りましたが、最近も息子さんの誕生日のお祝いに来ていました。舛添さんは予め必要なお金を封筒に入れていて、決められた金額以上、飲み食いすることはありませんが、毎回必ず領収書をもらっています」と証言しており、「実際、グ研に計上された『K』の飲食代のなかには、息子の誕生日の日付も含まれている」と報じました。

このように、前記の私的飲食代金にかかる飲食が、単なる私的飲食にすぎないのであれば、「グローバルネットワーク研究会」の組織活動に要する経費とはいえず、同政治団体の飲食代金には該当しません。したがって、前記の私的飲食代金は「グローバルネットワーク研究会」の組織活動に要する費用たる「飲食代」等ではなく、単なる私的飲食代金であるにもかかわらず、これを「グローバルネットワーク研究会」の組織活動に要する費用たる「飲食代」等として収支報告書に記入することは、政治資金収支報告書への虚偽記入行為となります。

舛添要一氏は自身が同飲食代金等の支払われた飲食店を利用している以上、前記虚偽記入行為は、「グローバルネットワーク研究会」の代表である舛添要一氏の意向を無視して行われたとは考えられません。この点、舛添要一氏は、記者会見において、「当時の経理担当者によれば、いずれの飲食店も私や事務所関係者が政治活動で利用していた飲食店であったことから、私個人の飲食だとは思わず誤って計上してしまっていたようだ」などと述べています。しかし、個人の私的飲食代金の領収書が会計担当者によって「グローバルネットワーク研究会」の組織活動に要する費用として計上されている理由は、ほかならぬ被告発人舛添要一氏がこれを「グローバルネットワーク研究会」の組織活動に要する費用であるとして会計担当者に領収書を渡したからとしか考えられません。

したがって、舛添要一氏は、会計責任者と共謀の上、「グローバルネットワーク研究会」の13年分及び14年分政治資金収支報告書の支出欄に前記「飲食代金」等として支出した旨の虚偽の記入をし、各々東京都選挙管理委員会に提出しています。以上の行為は、各々政治資金規正法（第25条第1項第3号）に違反し、虚偽記入罪に該当します。

舛添要一氏は、今年5月13日に開いた記者会見において、前記私的飲食代金に関して、イタリア料理店につき「13年6月1日の支出については、今回改めて確認したところ、政治活動に利用したことまでが確認できなった」と説明、回転寿司店については「13年4月の支出については、改めて確認したところ、政治活動に利用したことまでが確認できなかった」、さらにてんぷら店については「研究会の13年2件、14年1件の飲食代については、私個人の飲食代が誤って計上されていることを確認した」と説明をしています。これは、およそ虚偽記入を認めたものといえるでしょう。

なお、前記私的飲食代金については「収支報告書の訂正、削除をした上で返金したい」等と説明していますが、解散した団体に返還するというのは理解不能で、おそらく「グローバルネットワーク研究会」から解散後設立した「泰山会」に寄附した旨の記載だけをすることになりますが、収支報告書は訂正され「返金」しても、一旦支払った事実を記入している以上、その虚偽記入罪の成否には影響しません。

(2) 美術品、絵画、骨董品 額縁などの購入等に関する告発事実

◆「資料代」という虚偽記入罪の告発事実

「グローバルネットワーク研究会」は12年の収支報告書並びに13年の収支報告書に記載の日時に、各記載の者に、各金額を支出した旨の記載をしていますが、真実は筭添要一個人の嗜好品である美術品、絵画、骨董品、額縁などの購入です。告発人はネットから検索したところ、購入先の大半は美術品、絵画、骨董品、額縁などの販売店であることが判明しました(ネットで検索してもヒットしないものもありますが、それらのものからオークションなどでそれらの商品を購入したものであると思われます)。

美術品、絵画、骨董品、額縁などの購入が政治団体の政治活動における「資料代」に該当するとはおよそ考えられません。グローバル研究会のその以前の収支報告書には「資料代」なる購入は一切なく、また「新党改革比例区第四支部」の収支報告書にも12年の収支報告書以外の年度には「資料代」などの購入はないことからするとこの2年間だけ特別に「資料代」などと特別の意図があって書いているると思われます。真実は、美術品、絵画、骨董品、額縁などの購入費に該当しますが、それでは

政治団体の政治活動の活動でないとの批判をかわせないためにあえて政治活動に必要だと思わせるための「資料代」と記載したと思われます。

美術品、絵画、骨董品、額縁などの購入費に該当するのに、あたかも政治活動に必要な「資料代」であるかのごとき記載することは、同法の虚偽記入に該当します。しかし前記告発事実記載の通り各虚偽記入していました。これは、政治資金規正法の虚偽記入罪に違反したものです（第25条第1項第3号）。

◆政治団体の解散に当たっての美術品、絵画、骨董品、額縁などの業務上横領罪の告発事実

刑法第253条は、「業務上自己の占有する他人の物を横領した者は、10年以下の懲役に処する」と、いわゆる業務上横領罪を定め、業務上横領を禁止しています。

舛添要一氏は「グローバルネットワーク研究会」「新党改革比例区第四支部」の各代表者としてその業務全般を統括掌理し、その資産を管理するなどの業務に従事していた者でした。

舛添要一氏は、同政治団体の購入した美術品、絵画、骨董品、額縁等の商品を同政治団体のために業務上保管中、美術品、絵画、骨董品、額縁など合計578万7764円に相当する美術品、絵画、骨董品、額縁などのうち、その一部が外国人などに交付されたとしても、前記の相当数の美術品、絵画、骨董品などが残っていたと思われ、その残っていた美術品、絵画、骨董品などを前記政治団体の解散に乗じて、それをほしいままに第三者に売却する等して横領し、刑法の業務上横領の罪を犯したものです（第253条）。

ちなみに、これらの政治団体は解散し現金約4800万円余（大半は新党改革に交付された政党交付金が第4支部を迂回して寄付された税金）と車（40万円相当）だけは、「泰山会」に寄付されていますが、この間に購入した美術品、絵画、骨董品、額縁などが合計578万円にも達するのにその商品が一切不存在というのはおよそ信用できません。

5月13日に開いた記者会見において、美術品、骨董品などの購入に関して舛添要一氏は、「私は海外との交流の仕事が多く、国会議員の時代も知事になってからも、議員外交、都市外交を積極的に進めてきた。海外の方と交流する際に、書や浮世絵の版画などをツールとして活用している。画材店での支出は書や版画などの額装にかかわる費用が大半だ。書や版画などは金額的にはわずかなものばかりだが、額装することで非常に見栄えが良くなる。私は書道をやっていて、よく海外の方から揮毫してくれと頼まれる。これを額装して政治団体の費用として計上しており、法律上問題ないものと考えている」と弁明していました。

しかしこの弁明はおよそ信用できません。外国人に一部は配った品物があったかも知れませんが、告発人が調査した資料代名目の商品や備品名目の商品は実に控えめに計算しても合計578万にも達するのであり、舛添氏が外国人とそれほど交流していたとは思われず、およそ信用できる話ではありません。

以上が私の告発内容です。東京地検特捜部は厳正な捜査を尽くし、立件してほしいものです。

第2章

自民党の小池百合子・新都知事の政治資金問題

1 「独りぼっち作戦」の小池百合子・元防衛大臣の組織的選挙運動と政治資金

◆権力にすり寄った無節操な「渡り鳥議員」

舛添要一前東京都知事の辞職を受けて7月31日に行われた東京都知事選挙で当選した自民党の小池百合子候補（元防衛大臣）の経歴の概要は以下の通りです。

1992年07月26日　参議院議員初当選（日本新党・比例区）
1993年07月18日　衆議院議員初当選（日本新党・兵庫2区）
1996年10月20日　衆議院議員2期目当選（新進党・小選挙区 兵庫6区）
2000年06月25日　衆議院議員3期目当選（保守党・小選挙区 兵庫6区）
2002年12月27日　自民党入党
2003年09月22日　環境大臣就任
2003年11月09日　衆議院議員4期目当選（自民党・近畿比例ブロック）
2003年11月19日　環境大臣再任
2004年09月27日　環境大臣再任・内閣府特命担当大臣（沖縄及び北方対策）就任
2005年09月11日　衆議院議員5期目当選（自民党・小選挙区 東京10区）
2005年10月31日　環境大臣再任・内閣府特命担当大臣（沖縄及び北方対策）就任

2006年09月26日　内閣総理大臣補佐官（国家安全保障問題担当）就任
2007年07月04日　防衛大臣就任
2007年09月14日　自民党東京都連会長代理　就任
2009年08月30日　衆議院議員6期目当選（自民党）
2012年12月16日　衆議院議員7期目当選（自民党）
2014年12月14日　衆議院議員8期目当選（自民党）

以上の経歴を見ると、小池百合子氏は、まず、「日本新党」から参議院通常選挙の比例代表選挙に立候補し初当選しています。その後、衆議院に鞍替えし、他党に移籍し、最後には自民党に移籍して大臣に抜擢されています。つまり、権力にすり寄った無節操な「渡り鳥議員」だということがわかります。

◆小池元大臣を選挙運動で支援した豊島区議団ら

「週刊新潮」（2016年7月7日号）は、小池元大臣の地盤である東京・豊島区と練馬区の区長、区議、都議など数名が、小池元大臣と若狭勝衆議院議員の待機する議員会館に呼び出されて、都知事選に向けた話し合いを持ちかけられ、最後には若狭議員から〃このメンバーで、小池さんに出馬要請したことにしてくれないか〃と切り出したと報道しました（「小池百合子、自作自演の小芝居をTV局にリーク　都知事選出馬へアピール」デイリー新潮16年7月6日5時53分配信）。

その報道どおり「自作自演の小芝居」がなされたのかはわかりませんが、少なくとも「自民党東京都連に所属する議員ら」が小池元大臣に都議選出馬を出馬要請したと報道されています（自民党、小池百合子氏に都知事出馬要請「厳粛に受け止め、考えさせていただきたい」スポーツ報知16年6月25日6時）ので、その「議員」に、豊島区議や練馬区議、都議らが含まれていることは間違いないようです。

また、小池元大臣は自らの所属する自民党に都知事選挙での推薦願いを提出したものの、推薦を得られないとわかり推薦願いを取り上げましたが、告示日に、「今回は私と共にこの東京を変えねばという思いで、豊島区議団の覚悟を決めた仲間が私をサポートしてくれている。」等と発言しています（「【都知事選告示】小池百合子氏が第一声（全文）組織、しがらみ越えてまい進」THE PAGE16年7月14日17時52分）。

なぜ自民党の豊島区議らは、同党が推薦しなかった小池元大臣に都知事選の出馬を要請しただけではなく、選挙運動で支援したのでしょうか？

その理由はいくつか考えられますが、政治資金の流れを調べると、その理由の重要な一つは「カネ」ではないかと思えてきます。

◆「JF豊島区議団」への寄附計2690万円（7年間）

小池元大臣と「豊島区議団」との間の政治資金関係を調べてみると、小池元大臣が代表（支部長）を務める「自由民主党豊島総支部」は、少なくとも08年から14年までの7年間だけを見ても、自民党の豊島区議団（JF豊島区議団）に対し、合計2690万円を寄付していました。

自由民主党豊島総支部の2008年から2014年末までの「JF豊島区議団」への寄付

支出の目的	金額	年月日	支出を受けた者の名称	支出を受けた者の所在地
寄附金	3,000,000	20.8.28	JF豊島区議団	東京都豊島区南池袋2-12-5-403
寄附金	2,100,000	H21.7.31	自由民主党豊島区の各支部	(いずれも)東京都豊島区
寄附金	3,000,000	H21.9.10	JF豊島区議団	東京都豊島区南池袋2-12-5-403
寄附	3,000,000	H22.5.25	JF豊島区議団	東京都豊島区南池袋1-20-9-6B
寄附	1,500,000	H23.5.18	JF豊島区議団	東京都豊島区東池袋1-18-1
寄附	1,500,000	H23.12.20	JF豊島区議団	東京都豊島区東池袋1-18-1
寄附	3,000,000	H24.4.27	JF豊島区議団	東京都豊島区東池袋1-18-1
寄附	2,000,000	H24.12.5	JF豊島区議団	東京都豊島区東池袋1-18-1
寄附金	3,000,000	H25.12.10	JF豊島区議団	東京都豊島区東池袋1-18-1
寄附金	4.800,000	H26.3.31	JF豊島区議団	東京都豊島区東池袋1-18-1
	26,900,000			

平成21年の自由民主党豊島区の各支部への寄附210万円は合計額です。10の支部に20万円ずつ寄附し、1つの支部に10万円を寄付しています。

「JF豊島区議団」の近年の所在地は「東京都豊島区東池袋1－18－1」です。これは自民党の豊島区議会議員の連絡先と同じですので、「JF豊島区議団」とは自民党の豊島区議団だと思われます。

豊島区議らが都知事選挙の選挙運動で小池元大臣を支援した重要な理由には、以上の「政治とカネ」関係があるようです。つまり、小池元大臣がカネによる関係で豊島区議団とその議員らを「トリコ」にしてきた結果なのでしょう。

◆「JF豊島区議団」の「主たる事務所の所在地」は「小池事務所内」

そこで、「JF豊島区議団」の12年分から14年分の政治資金収支報告書を見ると、「JF豊島区議団」の「主たる事務所の所在地」は、なんと、「東池袋」ではなく、「南池袋」で「小池事務所内」と明記されていました。つまり、「JF豊島区議団」は事務所まで小池元大臣に依存していたのです。実は、その前の08年から10年の所在地は、小池元大臣が代表を務める自民党東京都第10選挙区支部および資金管理団体「フォーラムユーリカ」と同じでした（一部番地に誤記があります）。それゆえ、小池元大臣を都知事選で支援しているのも頷けます。

◆事務所費の不記載問題

以上のように「JF豊島区議団」の「主たる事務所」は「小池百合子事務所内」と明記されているのですが、「事務所費」の支出はなく、「JF豊島区議団」は家賃を一切支払っていません。本来であれば、「JF豊島区議団」は、政治資金収支報告書に、誰から事務所の無償貸与を受けているのかを明記しなければなりませんが、その旨（金銭によらない寄付を受けたこと）を明記していませんので、厳密にいえば、政治資金規正法の不記載罪に違反する疑いがあります。

もし「JF豊島区議団」に事務所の無償貸与をしているのが「自由民主党豊島総支部」（支部長・代表　小池百合子）であれば、その旨を政治資金収支報告書に記載しなければなりませんが、その旨（金銭によらない寄付をしたこと）の記載は一切ありません。これも、厳密にいえば、政治資金規正法の不記載罪に違反する疑いがあります。

◆小池百合子元大臣を選挙運動で支援した練馬区議・都議ら

告示日に小池元大臣は、「東京のあちこちから区議さん、都議さんが、ここは東京を変えていこう、一緒に頑張りましょうという方々が毎日、どんどんあふれてくるように出てきていただいている」と発言していました（前掲「【都知事選告示】小池百合子氏が第一声（全文）組織、しがらみ越えてまい進」）。

また、マスコミを完全シャットアウトした、小池百合子元防衛大臣の出陣式には、１００人以上が駆けつけ、「自民党の豊島区議」だけではなく、「自民党の練馬区議」らも参加していた、と出陣式に参加した支援者の話が紹介された形で報じられています（「公明党支持者が支援　小池百合子氏が展開する〝ウラ組織戦〟」日刊ゲンダイ16年7月16日）。

さらに、「小池氏の地元・練馬、豊島両区の区議は……区議バッジを胸に着けたまま小池氏をサポートしている」と報じられていました（「都連の〝時代錯誤お触れ〟に反発　小池氏に自民、公明から続々援軍」スポニチ16年7月17日　5時30分）。

それゆえ、自民党の豊島区議とまったく同じように選挙運動を支援しているのか定かではないものの、自民党の「練馬区議、都議」らも支援していたようです。

◆「自由民主党練馬総支部」等への寄付は計325万2000円（6年間）

そこで、小池元大臣と「練馬区議、都議」らとの間の政治資金関係を調べたところ、第一に、小池元大臣が代表（支部長）を務める「自由民主党東京都第10選挙区支部」は、少なくとも09年から14年までの6年間だけを見ても、「自由民主党練馬総支部」等に対し合計３２５万２０００円を「組織活動費」「活動費」等の名目で支出していました。

「自由民主党東京都第10選挙区支部」の「自由民主党練馬総支部」等への支出

支出の目的	金額	年月日	支出を受けた者の名称
寄附金	100,000	H21.7.3	自由民主党東京都練馬区第5支部
諸会費	400,000	H21.12.28	自由民主党練馬総支部
諸会費、組織活動費	400,000	H22.12.2	自由民主党練馬総支部
(印刷)宣伝事業費	540,000	H22.12.20	自由民主党練馬総支部
(書籍)調査研究費	36,000	H22.5.28	自由民主党練馬総支部
郵送費、組織活動費	40,000	H23.2.17	自由民主党練馬総支部
書籍代、調査研究費	36,000	H23.6.15	自由民主党練馬総支部
活動費、組織活動費	400,000	H23.12.29	自由民主党練馬総支部
活動費	400,000	H24.9.28	自由民主党練馬総支部
組織活動費	400,000	H25.12.25	自由民主党練馬総支部
活動費	500,000	H26.12.29	自由民主党練馬総支部
合計	3,252,000		

◆「自由民主党練馬総支部」は自由民主党東京都練馬区の各支部へ寄付

以上のうち、12年から14年末までの3年間に、自由民主党練馬総支部は、どこに寄付していたのかを調べたところ、自民党の練馬区の各支部に寄付していました。

◆「自由民主党練馬総支部」から寄付を受けた自民党東京都練馬区各支部は練馬区議・都議の支部

「自由民主党練馬総支部」から寄付を受けた自由民主党東京都練馬区の各支部は、その支部の政治資金収支報告書を見ると、練馬区の区議・都議の支部でした。

小池元大臣が代表（支部長）を務める「自由民主党東京都第10選挙区支部」は「自由民主党練馬総支部」等に対し「組織活動費」「活動費」等の名目で支出し、「自由民主党練馬総支部」は自由民主党東京都練馬区の区議や都議が代表を務める各支部に寄付していたのです。

こうして、小池元大臣は、自民党豊島区議団に対するような直接的なものではなく、かつ金額も高額ではないもの

「自由民主党練馬総支部」の自由民主党東京都練馬区の各支部への寄付

支出目的	金額	年月日	支出を受けた者の名称	備考
寄附金	1,900,000	H24.12.28	自由民主党東京都練馬区の各支部	10万円ずつ19支部へ
寄附金	1,330,000	H25.12.27	自由民主党東京都練馬区の各支部	7万円ずつ19支部へ
寄附金	150,000	H26.4.4	自由民主党東京都練馬区の3支部	5万円ずつ都議会議員3支部へ
	3,380,000			

「自由民主党東京都第10選挙区支部」の「自由民主党練馬総支部」等への支出

支部名	代表者名	代表者の身分
自由民主党東京都練馬区第3支部	関口和雄	練馬区議会議員
自由民主党東京都練馬区第4支部	中島力	練馬区議会議員(当時)
自由民主党東京都練馬区第5支部	高橋かずみ	東京都議会議員
自由民主党東京都練馬区第6支部	小林みつぐ	練馬区議会議
自由民主党東京都練馬区第9支部	村上悦栄	練馬区議会議員
自由民主党東京都練馬区第11支部	柴崎幹男	東京都議会議員
自由民主党東京都練馬区第12支部	小泉純二	練馬区議会議員
自由民主党東京都練馬区第13支部	藤井節	練馬区議会議員
自由民主党東京都練馬区第14支部	西山清孝	練馬区議会議員
自由民主党東京都練馬区第16支部	土屋文子(山加朱美)	東京都議会議員
自由民主党東京都練馬区第18支部	小川裕子	練馬区議会議員
自由民主党東京都練馬区第19支部	小野塚栄作	練馬区議会議員
自由民主党東京都練馬区第20支部	柏崎強	練馬区議会議員
自由民主党東京都練馬区第21支部	笠原幸蔵	練馬区議会議員
自由民主党東京都練馬区第22支部	福沢剛	練馬区議会議員
自由民主党東京都練馬区第23支部	田中秀勝	練馬区議会議員
自由民主党東京都練馬区第24支部	上野博巳	練馬区議会議員
自由民主党東京都練馬区第25支部	高松智之	練馬区議会議員
自由民主党東京都練馬区第26支部	村松一希	練馬区議会議員

の、自民党練馬区の区議や都議に政治資金で影響力を及ぼしてきたようで、それが今回の都知事選挙での支援につながったようです。

要するに、自民党の練馬区議会議員や練馬区選出の都議会議員らも、自民党の豊島区議団と同様に、一定の政治とカネで構築された関係で、都知事選挙で自民党の小池元大臣の選挙を支援した、と思われます。小池元大臣は、自民党の区議・県議らと政治資金で癒着した古い体質の候補者だったのですが、自民党本部や自民党都議団とは「対立」しているかのような幻想をばらまいて都議選挙で当選したのです。

2 小池新都知事の政治資金体質は自民党東京都支部連合会と基本的に同じ！

小池百合子新都知事が自民党本部や自民党支部連合会と真っ向から対決するような候補者でないことは、その政治資金体質が自民党東京都支部連合会のそれと基本的に同じであることからも、わかります。

◆自民党東京都支部連合会・都議会自由民主党（東京都議会自由民主党を含む）の政治資金体質

収入項目	自由民主党東京都支部連合会	都議会自由民主党（東京都議会自由民主党を含む）	合計
党費又は会費	48,453,500	0	48,453,500
党費・会費納入人数	65,595人	0人	65,595人
党本部からの交付金	352,110,000	0	352,110,000
党支部からの交付金	6,000,000	52,570,000	58,570,000
企業・業界団体献金	2,414,000	0	2,414,000
政治資金パーティー	158,110,000	0	158,110,000
会社役員寄附	1100,000	0	1100,000
議員寄附	82,204,000	9	82,204,000
他個人寄附	224,000	0	224,000

「他個人寄附」には、会社役員寄附や議員寄附が含まれている可能性がある。「その他の収入」は除外した。都議会自由民主党の収入には、会派「東京都議会自由民主党」が自由民主党東京都支部連合会から「組織対策費」名目で受け取った寄付2472万円を含む。

では、まず、自民党東京支部連合会と都議会自由民主党の政治資金の体質を、14年の政治資金収支報告書から確認しましょう。

「自民党東京支部連合会」および「都議会自由民主党」の場合、主要な収入源は、自民党本部からの交付金、企業や業界団体も支払う政治資金パーティ収入です。議員や会社役員の寄付を除くと、一般庶民の寄付はほとんどありません（上の表）。

それゆえ、一般庶民に支えられた政治資金収入ではなく、自民党本部や企業・業界に支えられた政治資金収入なのです。

◆小池新都知事の政治資金の体質（2014年）

では、知事選挙で当選する前の小池都知事の政治資金の体質は、これと本質的に異なるのでしょうか？。小池都知事が代表を務める三つの政党支部・政治団体の14年の政治資金収支報告書から確認しましょう。

小池都知事の政党支部・資金管理団体の場合、党費また

小池百合子都知事の2014年の政治資金の収入の実態

収入項目	自由民主党東京都第10選挙区支部	資金管理団体「フォーラムユーリカ」	自由民主党豊島区総支部	合計
党費又は会費	147,001	0	321,800	468,801
党費・会費納入人数	38人	0人	569人	607人
党本部からの交付金	19,500,000	0	0	19,500,000
党支部からの交付金	560,000		300,000	860,000
企業・業界団体献金	4,940,000	0	0	4,940,000
政治資金パーティ	0	5,250,000	12,820,000	18,070,000
会社役員寄附	4,000,000	3,548,000	0	7,548,000
小池本人寄附	0	10,000,000	1,000,000	11,000,000
他個人寄附	355,000	0	500,000	855,000

「他個人寄附」には「会社役員からの寄附」が含まれている可能性がある。
豊島総支部の「他個人寄附」の30万円は都議会議員の寄附。

は会費の納入者は全員で607名だけで、その収入額も47万円弱しかありません。1人平均775円です。つまり、1人平均775円の党費・会費を納入してくれる都民は600人程度しかいないのです。

また、個人の寄付は、小池氏本人や会社役員の寄付を除くと85万5000円で、そのうち50万円は都議会議員の寄付で、一般の都民の寄付はほとんどありません。

主要な収入源は、自民党本部からの交付金、企業や業界団体も支払う政治資金パーティ収入、企業や業界団体の政治献金、会社役員の寄附です。

それゆえ、小池元大臣の場合も、自民党支部連合会などと基本的には同じで、一般庶民に支えられた政治資金収入ではなく、自民党本部や企業・業界に支えられた政治資金収入なのです。

小池都知事が自民党本部や自民党支部連合会と真っ向から対決するような政治資金の収入状態でないことは、あまりにも明白です。

3　衆議院議員時代の政治資金問題

(1) 幽霊会社への「調査費」支出と裏金づくりの疑惑

◆「調査費」名目の支出総額335万7000円（2009年から6年間）

小池百合子東京都知事が代表を務めてきた政党支部である「自民党東京都第10選挙区支部」および「自民党豊島総支部」は、衆議院時代の09年から14年まで「調査費」名目の支出をしており、その総額は、335万7000円にも及んでいました。

また、「調査費」の支出先は、そのほとんどが「M-SMILE」という会社でしたが、1件だけ個人に支出されていたことも判明しました。

以上のうち、09年、12年、14年は、衆議院総選挙の直前の支出で、選挙の日程は次のとおりでした。

衆議院解散2009年7月21日　総選挙投開票2009年8月30日
衆議院解散2012年11月16日　総選挙投開票2012年12月16日
衆議院解散2014年11月21日　総選挙投開票2014年12月14日

「M-SMILE」は、インターネットで検索してもヒットしません（住所の異なるものはヒットしますが、それは別のものです）。この「M-SMILE」は、本当に存在し、どのような「調査」を行うところ

自民党豊島総支部の」「調査費」名目の支出

支出の目的	金額	年月日	支出を受けた者の氏名・名称	支出を受けた者の住所・所在地
調査費	546,000	2009年7月15日	M-SMILE	東京都新宿区新宿5−11−28

自民党東京都第10選挙区支部

支出の目的	金額	年月日	支出を受けた者の名称	支出を受けた者の所在地
調査費	336,000	2009年7月6日	M-SMILE	東京都新宿区新宿5−11−28　7F
調査費	315,000	2009年7月6日	M-SMILE	東京都新宿区新宿5−11−28　8F
調査費	60,000	2010年1月22日	河野愛一朗	東京都新宿区西早稲田3−3−12
調査	950,000	2012年12月3日	MSMILE	東京都新宿区新宿−11−28
調査	250,000	2013年1月18日	MSMILE	東京都新宿区新宿−11−28
調査費	900,000	2014年11月10日	M-SMILE	東京都渋谷区広尾5-17-11
	2,811,000			

なのでしょうか？

これについては、「日刊ゲンダイ」が調査し報道しました（「小池百合子氏に新疑惑〝正体不明〟の会社に調査費210万円」2016年7月5日）。その記事によると、次のように小池事務所の担当者の説明を紹介しています。

「当初は『M-SMILE』という会社名だったのですが、現在は『モノヅクリ』という名前に変更されています。……支出目的？　選挙の際、世論調査をお願いしました」

前記の「調査費」の支出について小池事務所の担当者は「選挙の際、世論調査」と弁明していますから、当該支出の時点で、総選挙が施行されることを把握していたことになります。

12年と14は総選挙がありましたので、

この点では、その説明には整合性がないわけではありませんが、13年は総選挙がありませんでしたので、整合性がありません。10年は、支出先が別人で、総選挙がありませんでしたので、何のための調査だったのか不明です。本当に「選挙の際の世論調査」を依頼したのか疑問です。

また、「モノヅクリ」をインターネットで検索すると、ヒットしましたが、この会社は、「日刊ゲンダイ」が紹介しているように「オーダースーツ専門の株式会社」のようであり、何らかの調査をするような会社には思えません。

これについても、「日刊ゲンダイ」がその会社の代表者に取材し、その代表者から次のような説明を受けています。

「私は09年ごろから、個人的に『M-SMILE』という名で世論調査の事業を始めました。小池さんから仕事をいただき、軌道に乗れば法人登録したかったのですが、うまくいかなかった。そのため、12年に『モノヅクリ』を立ち上げ、オーダースーツの事業をメーンにしています」

この「モノヅクリ」代表者の説明によると、「M-SMILE」は成功しなかったので、「モノヅクリ」を新しく立ち上げたことになります。つまり、会社名が変更されたのではなく、「M-SMILE」と「モノヅクリ」とは全く別の会社ということになりますし、また、「M-SMILE」という会社は、成功しなかったので、遅くとも「モノヅクリ」設立以降存在しないことになりそうです。

ということは、「会社名が変更された」旨の小池事務所担当者の説明は嘘になり、政党支部の政治資金収支報告書の記載は虚偽ということになります。

さらに、問題があります。それは領収書です。「日刊ゲンダイ」の取材に対し、小池事務所担当者は、次のように説明したそうです。

「領収書に記載された会社名が『M-SMILE』だったので、それに準拠したまで」

この説明は、全く不可解です。「モノヅクリ」が、存在しなくなった会社の領収書を作成し、依頼者に出すでしょうか？

また、小池事務所も、依頼を「M-SMILE」にではなく、「モノヅクリ」に依頼したにもかかわらず、なぜ「M-SMILE」の領収書を受け取り続けたのでしょうか？

むしろ、存在しなくなった会社の領収書が意図的に作成されたのは、政治や選挙における裏金をつくるなど不正な目的だったのではないか、そう疑われても仕方ないのではないでしょうか。

◆「M-SMILE」の元社長（後に株式会社モノヅクリの社長）は小池百合子の秘書だった！

そもそも「M-SMILE」は会社としての登記もされていなかったのですから、小池百合子都知事の政党支部が裏金づくりのために「調査費」名目で秘書の幽霊会社に支出したように装ったのではないか、との疑念が生じました。

「M-SMILE」の元社長、後に株式会社モノヅクリの社長は、「森口つかさ」という人物です。小池都知事（当時候補者）は、知事選挙投開票10日前の7月21日に、東京都内4区（各欠員1）で実施される都議補選（22日告示、31日投開票）のうち、「新宿区に自身の元秘書の森口つかさ氏（34）を独自候補として擁立する」と発表しました（「都議補選、小池百合子氏が独自候補『元秘書擁立』自民と対決構図」産経新聞2016年7月22日8時34分）。

つまり、小池都知事が代表を務める「自民党豊島総支部」や「自民党東京都第10選挙区支」が「調査費」名目で支出していた元会社の社長「森口つかさ」氏は、小池元大臣の秘書だったのです。

◆森口氏の学歴・経歴と矛盾する(!?)「調査費」支出

では、森口氏の学歴と経歴を、上記に関連する範囲で簡単にみてみましょう。本人のホームページのプロフィールによると、以下のようです。

1982年2月、兵庫県宝塚市生まれ
2005年4月、京都大学大学院工学研究科生産システム工学修士課程入学
2006年4月、株式会社イプシロン・プレミアム・マーケティング入社
2008年9月、衆議院議員小池百合子事務所入所
2009年4月、兵庫県立大学大学院緑環境景観マネジメント研究科入学
2010年4月、慶應義塾大学大学院政策・メディア研究科入学
2012年10月、株式会社モノヅクリ設立

以上の学歴・経歴を踏まえても、まず、野口氏が小池都知事（当時衆議院議員）の秘書になった時期は、正確には不明のままですが、08年9月に「小池百合子事務所」に「入所」とあるので、その前に「秘書になったが秘書をやめていた」ということはないでしょうから、秘書になった時期は、上記「入所」と同時期もしくは入所して一定期間後ということになります。

つまり、小池都知事が代表を務める「自民党豊島総支部」や「自民党東京都第10選挙区支」が、「調

査費」名目で「M-SMILE」に支出したのは、野口氏が小池元大臣の秘書だった時期（あるいは、その時期と重なる）または秘書辞職後ということになります（秘書辞職後も小池議員と政治的近い立場だからこそ、今回前記のような発表をしたのでしょう）。

となると、国会議員の秘書または親しい元秘書が社長であることを隠して選挙の世論調査をするのは問題ですが、その問題を脇に置くとしても、通常、議員のために世論調査を行うことは秘書としての業務の一環で、調査の対価は給与として支払い済みのはずですし、電話代は事務所の負担で行えますから、「秘書の経営する会社」に調査費用を支払うというのは、あまりにも不自然です。また、世論調査の実績のない会社に議員がその依頼をすることは常識では考えられないことです。

さらにいえば、上記経歴には、「M-SMILE」の設立が一切明記されていませんし、「M-SMILE」は登記簿の記載がないと報じられています。また、少なくとも09年7月に「M-SMILE」（東京都新宿区新宿5－11－28）に政治資金を支出したと政治資金収支報告書に記載していますが、当時森口氏は「兵庫県立大学大学院」の院生ですから、本当に「M-SMILE」を、東京で、設立していたのか、疑問です。

それゆえ、「M-SMILE」への支出それ自体が真実ではないのではないか、むしろ、裏金づくりのために虚偽の支出がなされたのではないかとの疑念が生じます。その場合、政治資金規正法の虚偽記載罪に違反する疑いが生じます。

いずれにせよ、小池新都知事は、共犯の可能性もあるので、きちんと説明し、説明責任を果たすべきです。

（2）大量購入「切手」換金の疑惑

◆2014年に税金で5000枚以上の切手を購入していた

小池百合子事務所は、税金が原資の政党交付金で「切手」を大量購入するという不可解な支出をしており、それを換金して裏金をつくっているのではないかとの疑惑が生じています。

「日刊ゲンダイ」（2016年7月23日）の報道によると、小池都知事の「自由民主党東京都第10選挙区支部」は、14年に、「料金別納郵便」や「区内特別郵便」を利用していた一方、政党交付金（国民の税金）により「郵送」名目で年間5000枚以上の切手を購入して「事務所費」に計上しており、購入日は10月末から11月末の1カ月に集中し、特に11月18、19、28日の3日間で計1914枚もの52円切手を買い、1日で82円切手を1000枚買っていたときもあったというのです（「小池百合子氏の政治資金 使い道はあの〝号泣県議〟ソックリ」）。

小池事務所は、「日刊ゲンダイ」の記者の取材に対し、「通常の事務所業務に用いている」と回答したそうです。

郵便が少数であれば、「切手」の少数の購入もありうることでしょうが、通常、大量の郵便を抱える政党支部が一枚一枚切手を貼っているとは思えません。小池事務所は、「料金別納郵便」を利用すれば大量の切手を貼る手間をはぶけることや、同一区内の大量郵送は「区内特別郵便」を使えば割安となることを分かっており、現にそのサービスを一部利用していたのですから、わざわざ「切手」を大量に購入するのは、明らかに不自然です。

地方議会では、政務活動費・政務調査費で「切手」を大量購入し、換金していたことが発覚していますので、「切手」を大量に購入した小池事務所も、同様に、大量購入した「切手」を換金し、それが裏金されたのではないか、との疑念が生じます。

◆高額な「郵送費」「郵便代」約724万円（6年間）…高額な「切手」購入と換金の疑い

そこで、政党支部「自由民主党東京都第10選挙区西部」と資金管理団体「フォーラムユーリカ」が、どれだけの「郵送費」「郵便代」を政治資金から支出しているのか、09年から14年末までを調査しました。

明らかに宅配便代と思われるものを除外すると、「郵送費」「郵便代」の合計額は6年間で約724万円でした。

そのうち、自民党が下野した総選挙が行われた09年が約339万円、自民党が政権復帰した総選挙が行われた12年が約180万円、自民党が参議院通常選挙でも勝利した13年が約93万円、自民党が勝利した総選挙が行われた14年は約57万円で、全体的に選挙が行われた年が多いことが判明しました。また、12年を別にすれば、政党支部か、資金管理団体のいずれかで「郵送費」「郵便代」が支出されていることがわかります。

以上の高額な「郵送費」「郵便代」（6年間で約724万円）全額

毎年の「郵送費」「郵便代」の合計（2009年～2014年）

年	政党支部	資金管理団体	合計
2009年	3,390,692	0	3,390,692
2010年	0	200,095	200,095
2011年	0	341,725	341,725
2012年	764,750	1,043,535	1,808,285
2013年	0	929,980	929,980
2014年	573,388	0	573,388
合計	4,728,830	2,515,335	7,244,165

「郵送」代のうち宅配便代と思われるものは除外した。

が、「切手」購入ではないでしょうが、日刊ゲンダイが領収書の分析をした14年以外の年も高額ですので、「切手」を大量購入し、換金したのではないかとの疑念が生じます。

換金されれば政治や選挙での裏金になっている恐れもあります。特に国政選挙があった時に支出が多いので、その裏金の可能性は軽視できません。

（3）「渉外費」から「生花代」を支出

◆「生花代」約224万円の支出（2008年から7年間）

小池都知事の各政治団体の政治資金収支報告書を見ると、えらく「花」代の支出が多く、「渉外費」で「生花」を購入しています。「自民党東京都第10選挙区支部」と「フォーラム・ユーリカ」が08年から14年までの7年間に「生花代」として合計約224万円も支出していました。

「生花代」支出（2009年～2014年の毎年の合計額および総計額）

年	自民党東京都第10選挙区支部	フォーラム・ユーリカ	合計
2008年	100,800	60,900	161,700
2009年	15,750	534,950	550,700
2010年	0	287,700	287,700
2011年	119,825	128,000	247,825
2012年	42,000	67,725	109,725
2013年	40,750	261,450	302,200
2014年	541,770	39,975	581,745
合計	860,895	1,380,700	2,241,595

◆公選法違反の寄付の疑い、または政治資金規正法違反の虚偽記載の疑い

政党支部も資金管理団体も、小池都知事（当時衆議院議員）が代表を務めており、公職選挙法でいうところの「後援団体」

です。その「後援団体」が、小池議員の選挙区の者に「生花」をプレゼント（無償提供）すると、公職選挙法が禁止している「寄付」になってしまいます。この場合は、公選法違反です。

仮に「生花」のプレゼント先が小池議員の選挙区外の者に対するものであれば、公職選挙法違反にはなりませんが、選挙区外の者への「生花」のプレゼントが、政党支部や資金管理団体の政治活動と評しえるのか極めて疑問です。小池議員の個人的な付き合いとしての「生花」のプレゼントであれば、自身のポケットマネーから支出すべきです。この場合は、少なくともセコイ支出、不適切な支出になりますが、政党支部等の政治活動と評しえないとなると、政治資金規正法違反（虚偽記載）になる可能性もあります。そうなると、舛添要一前都知事の場合と同じです。

いずれにせよ、常習のようです。

（4）政治資金パーティ収入・支出の不記載問題

◆2012年2回の「Y'sフォーラム」政治資金パーティ収入の不記載

参議院選挙前・都知事選挙前に発売された「週刊文春」（2016年7月14日号）が、小池都知事の12年の2回の政治資金パーティ収入を政治資金収支報告書に記載していなかったのではないか、という疑惑報道をしました。

報道によると、その政治資金パーティとは、12年3月12日と同年6月25日に小池氏の選挙区内にある都内のホテルで開かれた「Y'sフォーラム」と称される政治資金パーティです。「政治資金パーティを開催した場合は、収入額と会場代などの支出額を、それぞれ政治資金収支報告書に記載しなければなりません」（総務省政治資金課）。

しかし、同年の小池都知事の政治資金収支報告書の収入欄に、二つのパーティの記載はなく、なぜか支出欄に「会議費」として、パーティの会場代にほぼ合致する金額が記載されていた、というのです。

確かに、12年分の小池議員の政党支部「自由民主党東京都第10選挙区支部」の政治資金収支報告書にも、資金管理団体「フォーラム・ユーリカ」のそれにも、「Y'sフォーラム」と称される政治資金パーティ収入の記載はありませんでした。

また、上記「週刊文春」が指摘するように、「フォーラム・ユーリカ」の収支報告書には、「会議費」名目の支出はあります。96万5356円の支出（同年3月12日）と40万8671円の支出（同年6月14日）です（いずれも日本ホテル株式会社への支出）。

以上の「Y'sフォーラム」と称される政治資金パーティが開催されたのであれば、その収入額を記載していないことになり、政治資金規正法の不記載罪に違反することになります。支出だけ記載していれば収支が合わないことに気付くはずですから、収入分は裏金になった可能性があります。

一方、出席者から会費を取らずに上記パーティを開いたとしても問題です。選挙区内の人が出席していれば、選挙区民への寄付を禁じた公職選挙法違反となるからです。

上記報道後に、小池都知事側は、政治資金パーティ開催を認めたようです（後述するように、訂正しています）。となると、政治資金規正法の不記載罪に違反する疑いが生じます。

◆訂正による不記載罪だけではなく虚偽記載罪も

では、小池都知事側は、どのように訂正したのでしょうか？　訂正は7月7日付で行われており、複数の訂正がなさています。まず、前記で指摘した12年の2回の政治資金パーティ分と思われる102万円（同年3月12日）と84万円（同年6月25日）の収入は追加記載による訂正がなされていました。

ところが、それだけではなく、さらに、同年3月26日に実施された、エジプトおよび英国の「大使館見学ツアー」の収入として7万5000円の追加記載による訂正がされています。合計すると、193万5000円も収入を追加したことになります。

訂正は以上にとどまらず、同年8月28日に実施され、2901万6073円の収入があったと記載されていた「小池ゆりこさんの議員在職20年を祝う会」（ホテルオークラ東京で開催）の収入につき、上記合計193万5000円を減額し、2708万1073円と訂正されていました。

さらに支出についても、同年6月の政治資金パーティの「会場費」39万7023円（同年8月6日）を追加記載する訂正がなされ、その関係で支出総額が増額訂正されていました。さらに、「翌年への繰越額」が減額訂正され、その関係で13年分も14年分も「翌年への繰越額」が減額訂正されていました。

以上の訂正が真実であれば、政治資金規正法の不記載罪の違反だけではなく、虚偽記載罪にも違反する疑いが生じます。

◆訂正は真実か？

では、上記訂正は真実なのでしょうか？

上記の収入訂正だけではなく支出訂正もなされたということは、「翌年への繰越額」となる12年末の残額が合わないので、真実の訂正なのか疑問です。

また、収入訂正のうち、3月と6月の政治資金パーティ収入を8月の政治資金パーティ収入に誤って処理していたので、それを訂正したというのも、にわかには信じがたいものです。収入については、後知恵で辻褄合わせをしたのではないかとの疑念が生じます。

小池都知事は、領収書や会計帳簿も含め公表し、きちんと説明責任を果たすべきでしょう。

(5) 宛名のない領収書問題、使途不明金問題、「裏金」収支疑惑

◆宛名も、ただし書きも、「空白」の領収書

「日刊ゲンダイ」（2016年7月23日）は、「自由民主党東京都第10選挙区支部」の政治資金収支報告書に添付された「領収書の写し」（12年～14年分）を、東京都選挙管理員会に情報公開請求し、開示を受けたとして、14年分をチェックしただけでも不可解な領収書が山のようにあり、数万円単位の支出なのに、宛名も、ただし書きも、「空白」の領収書がザラだった、と報じました（「小池百合子氏の政治資金 使い道はあの〝号泣県議〟ソックリ」）。

「週刊朝日」（同年8月19日号）は、大手家電販売店での支出が09年から14年までの6年間で約

270万円もあり、その領収書の多くは但し書きが空欄であったと報じました。

これらの報道どおりであれば、領収書の役割を十分果たしていませんので、政治資金の透明性を確保する政治資金規正法の趣旨に反します。

舛添要一前都知事も、あえて宛名のない領収書を受け取っていましたから、この点でも、小池都知事は、舛添前都知事と同じ体質なのです。

◆「自由民主党豊島総支部」の30万円の使途不明金（2013年）

「自由民主党練馬総支部」の13年分政治資金収支報告書の支出欄には、同年10月22日に「自由民主党豊島総支部女性部」に対し、30万円を「女性部補助金」として支出した旨、記載されています。

しかし、「自由民主党豊島総支部女性部」は、「自由民主党豊島総支部」の内部組織であり、独立した政治団体として政治資金収支報告書を東京都選挙管理員会に提出していません。

それゆえ、「自由民主党豊島総支部女性部」が上記30万円を、何の目的で、いつ、誰に対し支出されたのか、まったくわかりません。つまり、30万円は使途不明金になっているのです。

「自由民主党豊島総支部」（代表・小池百合子）は、そのことを分かったうえで支出しているでしょうから、支出している時点で使途不明金になることを分かっていることになります。政治資金規正法は政治資金の収支の透明化を要求している法律ですから、使途不明金は同法の趣旨に反します。

もう一つ気になることがあります。それは「補助金」と明記されている点です。従来、自民党の使途不明金の典型は後述するように「政策活動費」名目の支出です。「補助金」名目ではありません。

もちろん、「補助金」名目の支出は実質では「政策活動費」名目の支出と同じなのかも知れませんが、あえて「補助金」名目で支出していることには、重大な意味がある可能性があります。それは、「補助金」を受け取った「自由民主党豊島総支部女性部」は、「自由民主党豊島総支部」とは別に独自の政治資金を有しており、その資金が不足するので、それを補助するために「補助金」を受け取っている、という可能性です。

これが真実であれば、「自由民主党豊島総支部女性部」は、受領した「補助金」とは別に、独自の政治資金を集め支出しているにもかかわらず、政治資金として収支報告書を作成し、東京都選挙管理委員会にそれを提出していないことになります。これは、「補助金」だけが使途不明金になっているだけではなく、それ以外の政治資金も裏金として集められ、支出されている、という問題になります。

小池都知事は、これもきちんと説明すべきです。

◆「自由民主党東京都第10挙区支部」の17万7001円の寄附の不記載とその「裏金」支出（2014年）

最後にもう一つ。「自由民主党東京都支部連合会」の14年分政治資金収支報告書の支出欄には「自由民主党東京都第10挙区支部」に対し同年2月13日に16万円、3月25日に14万7001円、12月2日に30万円、12月3日に3万円の寄付（交付金）を支出した旨の記載があります。

しかし一方、「自由民主党東京都第10挙区支部」の14年分政治資金収支報告書には、「自由民主党東京都支部連合会」から同年2月13日16万円、12月2日30万円の寄付（交付金）を受領した旨の記載はありません。

あるものの、同年3月25日14万7001円、12月3日3万円の寄付（交付金）を受領した旨の記載は「自由民主党東京都支部連合会」の記載の通りであれば、「自由民主党東京都第10挙区支部」（代表・小池百合子）は、計17万7001円を収入として記載していない以上、17万7001円を「裏金」として支出したことにもなります。この17万7001円の収支を記載しなかったことは、政治資金規正法の不記載罪に違反した疑いがあります。

◆小池都知事は説明責任を果たすべき！

以上、セコイ支出から政治資金規正法違反や公選法違反の疑いがあるものまで小池百合子新都知事の政治資金問題を指摘しました。舛添前都知事の問題以上に酷い問題です。

しかし、小池知事は、以上の各問題につき、納得できる説明をしてはおらず、説明責任を十分に果たしているとは言えません。都知事選挙では都政を「オープン」にすると公約したのですから、まずは自らの政治資金問題について会計帳簿など客観的な資料をマスメディアを通じて公表し、説明責任を果たすべきです。それができないのであれば。都知事を辞職するしかありません。

第3章

甘利明元経済再生担当大臣の口利き・タカリ事件

1　甘利明元経済再生担当大臣らの刑事告発

（1）告発の概要

舛添前都知事の政治資金問題の源流は、舛添氏を2年余り前の都知事選挙で推薦・支援した自民党とその議員の金権体質にあるので、以下では、その代表となる安倍晋三内閣の閣僚の「政治・カネ」問題を中心に取り上げます。最初に取り上げるのは、甘利明元大臣とその公設秘書らの口利き・タカリ事件です。私を含む研究者24名は、甘利明衆議院議員、元公設秘書および政策秘書をあっせん利得処罰法違反と政治資金規正法違反容疑で刑事告発するために、4月8日付で告発状を東京地方検察庁に送付しました。

あっせん利得処罰法違反としては、２０１３年分と２０１４年以降分があります。13年分は、甘利明氏と元公設秘書が共謀して、同年5月9日、ＵＲが千葉県白井市内に道路を敷設する工事予定地に隣接する株式会社薩摩興業占有地を工事用重機や資材置き場として使用することや、工事の振動で建物に生じた被害の賠償要求などに関連する補償金額に関するＵＲと同社間の補償金額交渉ならびにその結果としての補償契約（ないしは和解契約）に関して、同社総務課長一色武氏から補償契約（ないしは和解契約）のためにＵＲに働きかけてもらいたい旨の請託を受けて、同年6月7日、清島健一氏がＵＲ本社を訪れＵＲ職員3名に対し、前記補償契約（ないしは和解契約）に関してその職務上の行為を行うよう働きかけ、その報酬として、①8月20日、現金500万円を神奈川県大和市の甘利事務所において公設秘書が受領し、②11月14日、現金50万円を大臣室において甘利明氏が受領し（合計550万円）、公職にある者の権限に基づく影響力を行使して国が資本金の2分の1以上を出資している法人の職員にその職務上の行為をさせるようにあっせんしたことにつき、その報酬として財産上の利益を収受したものです。

2014年以降分は、甘利明氏、公設秘書及び政策秘書が共謀して、14年2月1日から15年11月までの間、URが千葉県白井市内に道路を敷設する工事予定地に隣接する株式会社薩摩興業が賃借している敷地に埋設された産業廃棄物の撤去費用の補償金などに関連する補償金額に関するURと同社間の補償金額交渉ならびにその結果としての補償契約（ないしは和解契約）に関して、同社総務課長の一色武氏から補償契約（ないしは和解契約）のためにURに働きかけてもらいたい旨の請託を受けて、15年7月6日から16年1月6日までの間、次のとおりUR職員に対し職務上の行為を行うよう働きかけ、

①2015年　7月6日昼　地元事務所　秘書2人、UR1人
②　〃　10月5日昼　地元事務所　秘書2人、UR1人
③　〃　10月9日昼　議員会館　秘書1人、UR3人
④　〃　10月26日夜　横浜市の居酒屋　秘書2人、UR3人
⑤　〃　10月27日昼　議員会館　秘書1人、UR3人
⑥　〃　10月28日夕　議員会館　秘書1人、UR3人

⑦　〃　　11月5日夕　　議員会館通路　　秘書1人、UR1人
⑧　〃　　12月1日午後　　地元事務所　　秘書1人、UR2人
⑨　〃　　12月16日午前　　地元事務所　　秘書1人、UR2人
⑩　〃　　12月22日午前　　地元事務所　　秘書1人、UR2人
⑪2016年　1月6日午前　地元事務所　秘書1人、UR2人

その報酬として、少なくとも①14年2月1日、現金50万円を神奈川県大和市の甘利事務所において甘利明が受領し、②同年11月20日、薩摩興業の名義と同社の者の名義で50万円ずつの寄付を公設秘書が受領し、③15年も、現金15万円を53回、計795万円を公設秘書らが受領し、④15年6月と11月に開かれた甘利氏の政治資金パーティーの券も20万円ずつ計40万円分購入してもらい（合計985万円）、公職にある者の権限に基づく影響力を行使して国が資本金の2分の1以上を出資している法人の職員にその職務上の行為をさせるようにあっせんしたことにつき、その報酬として財産上の利益を収受したものです

◆あっせん利得処罰法の定め

あっせん利得処罰法は、その第1条第1項で「衆議院議員、参議院議員又は地方公共団体の議会の議員若しくは長」を「公職にある者」と定義し、同条第2項で「公職にある者が、国又は地方公共団体が資本金の2分の1以上を出資している法人が締結する売買、貸借、請負その他の契約に関し、請託を受けて、その権限に基づく影響力を行使して当該法人の役員又は職員にその職務上の行

為をさせるように、又はさせないようにあっせんをすること又はしたことにつき、その報酬として財産上の利益を収受したとき」には、「3年以下の懲役に処する」と定めています。

また、同法は、第2条第2項で「衆議院議員又は参議院議員の秘書が、国又は地方公共団体が資本金の2分の1以上を出資している法人が締結する売買、貸借、請負その他の契約に関し、請託を受けて、当該衆議院議員又は当該参議院議員の権限に基づく影響力を行使して当該法人の役員又は職員にその職務上の行為をさせるように、又はさせないようにあっせんをすること又はしたことにつき、その報酬として財産上の利益を収受したときも」「2年以下の懲役に処する」と定めていますが、ここでいう「秘書」とは、国会法第132条第1項でいう「各議員」の「職務の遂行を補佐する秘書」、同条第2項でいう「主として議員の政策立案及び立法活動を補佐する秘書」のほか、「衆議院議員又は参議院議員に使用される者で当該衆議院議員又は当該参議院議員の政治活動を補佐するもの」をいいます（あっせん利得処罰法第2条第1項）。

同法の保護法益は、「公職にある者（衆議院議員等の政治家）の政治活動の廉潔性ならびに、その廉潔性に対する国民の信頼」とされています。政治の廉潔性に対する国民の信頼と言い換えてもよいでしょう。それゆえ、あっせん利得処罰法における公職にある者およびその秘書の罪は、あっせん内容が公務員に「適正な職務行為をさせ、又は不当なことをさせないもの」であっても処罰の対象になりうるものであり、あっせん内容が公務員に「職務上不正な行為をさせ、又は相当の行為をさせないこと」が必要である刑法第197条の4のあっせん収賄罪とは異なるのです（勝丸充啓著・山本有二監修「わかりやすいあっせん利得処罰法Q＆A」大成出版社、2001年、10頁）。

刑法は、「身分犯の共犯」につき、「犯人の身分によって構成すべき犯罪行為に加功したときは、身分のない者であっても、共犯とする」と定めています(第65条第1項)。あっせん利得処罰法にいう「衆議院議員又は参議院議員」は構成的身分なので、前記「秘書」が「衆議院議員又は参議院議員」のあっせん利得の「犯罪行為に加功したとき」は、前記「秘書」も「3年以下の懲役」に処されることになります。

◆事件の当事者

甘利明氏は、衆議院議員であり、安倍晋三第1次政権では経済産業大臣を努め、本件事件発覚後に辞任するまで安倍晋三第2次政権では経済再生担当大臣、さらに成長戦略の柱であるTPP担当大臣でした。

清島健一氏は、国士舘大学を卒業し、2002年から江田憲司衆院議員(現・維新の党)の事務所で秘書になり、江田氏が03年に落選すると、甘利事務所に移り、11年には公設第一秘書となり、本事件発覚後に辞職するまで、甘利明議員の公設秘書であり続け、地元の大和事務所の所長も務めていました。

鈴木陵允氏は、別の自民党衆院議員の事務所にいて、もっぱら運転手を勤めていました。甘利事務所に移ってからは甘利夫人に気に入られ、私的運転手を務め、本事件発覚後に辞職するまで、甘利明氏の政策秘書でした。

一色武氏は、千葉県白井市にある建設会社「薩摩興業」の総務課長であり、甘利明衆議院議員の支援者でもあり、甘利明大臣（当時）、清島健一公設秘書（当時）および鈴木陵允政策秘書（当時）に「口利き」を依頼した人物でもありますが、この3名が数年もの間、金をとるだけ取って最後は事をうやむやにしようとしている姿に不信感を抱くようになり、「真実を話すことで自分が不利益を被る」ことを承知のうえで本件事件を「週刊文春」（２０１６年1月28日号、同年2月4日号など）に実名告発した人物です。一色氏は、録音や渡したピン札のコピーなど、多数の〝物証〟を残していますが、このことについて週刊誌に、以下のように語っています。

「口利きを依頼し金を渡すことには、こちらにも大きなリスクがあるのです。依頼する相手は権力者ですから、いつ私のような者が、切り捨てられるかわからない。そうした警戒心から詳細なメモや記録を残してきたのです。そもそも、これだけの証拠がなければ、今回の私の告発を誰が信じてくれたでしょうか？

万一、自分の身に何かが起きたり、相手が私だけに罪をかぶせてきても、証拠を残していれば自分の身を守ることができる。そして、その考えは間違っていませんでした」

◆甘利氏と一色氏との関係

一色武氏によると、甘利明氏との関係は、一色武氏の20歳代にまでさかのぼるようです。

一色武氏は、20歳代の頃から主に不動産関係の仕事をしており、甘利明氏の父親で衆議院議員だった甘利正氏とも面識があり、当時、甘利正氏の自宅には何度も訪問していました。厚木の依知（えち）という地区に大きな屋敷があり、甘利正氏は、親分気質の方で、その屋敷に不動産関係の仲間がたくさん来ていたそうです。また、当時、本厚木駅の近くに甘利の名前をとった通称〝アキラビル〟というのがあり、このワンフロアに、不動産関係の仕事をしていた甘利正氏の弟や地元の建設関係の仲間たちが集まり、よく情報交換をしていたようです。

一色武氏が甘利明氏と初めて会ったのは、甘利明氏がまだソニーに勤めていたころ、厚木の料亭で甘利正氏らとの会食に参加したときでした。

一色武氏は、甘利正氏の書生をやっていたI氏とも親しく付き合っており、そのI氏に連れられて、1996年から1997年ごろ、すでに議員だった甘利明氏に相談を持ちかけました。ある漁業権の売買に関する相談事があり、I氏が「明君に相談へいこう」と言い、大和事務所を訪れたところ、甘利明氏本人が応接室で対応していています。

甘利家とは昔からそんな縁があり、一色武氏は清島氏が甘利明氏の大和事務所に来るかなり前から、甘利事務所の秘書たちとは付き合っていました。また、月1回行われている勉強会「甘利明アカデミー」や政治資金パーティーの「甘利明君を囲む会」にも何度も参加しており、一色氏は、14年4月には清島氏からの誘いで、安倍晋三総理主催の「桜を見る会」にも招待されています。

（2）2013年の補償交渉における「口利き」（告発事実1）

1970年、千葉県企業庁は「千葉ニュータウン」の開発に伴い「県道千葉ニュータウン北環状線（清戸地区）」の道路用地買収を始めましたが、道路建設は、現在、千葉県企業庁から委託された独立行政法人都市再生機構（UR）が行っています。

その道路建設工事が始まると、もともと薩摩興業が地主から借りている道路建設予定地の一部を、地主がURへ売却し、URとトラブルになってしまい、さらに、工事によって地中から硫化水素が発生したり、工事の振動で会社の建物がゆがんだりと、その後も次々と問題が起きたので、2013年頃、URと薩摩興業との間で補償の話が持ち上がったのですが、交渉は難航しました。

そこで、薩摩興業の総務担当者である一色武氏は、同年5月9日、甘利明氏の大和事務所に、数カ月前に知人の紹介で出会っていた清島氏を訪ね、「清島所長の力で何とかしていただけませんか」と、相談したところ、清島氏は、真剣に話を聞き「私が間に入ってシャンシャンしましょう」と言い、URに内容証明の「通知書」を送ることを提案したのです。

同年6月7日夕、清島氏は、UR本社（横浜市）を訪問し、URの3人に対し、薩摩興業のために口利きをしました。

同年6月14日、清島氏は、一色氏に、URの担当者の名刺のコピーを見せ、ベテラン秘書の宮下忠士氏をUR本社に向かわせたことなど、口利きの経過報告をしたそうです。

同年6月21日、URから薩摩興業に、「通知書」に対する「回答書」が届き、「補償に関して、通知人から別途、提案がありますので、当該折衝は通知人担当者との間で行っていただくようお願いいたします」と回答があったのです。

その直後、URから「金額のことで話し合いをしましょう」と連絡があり、薩摩興業の社長室にURの担当者3名とUR関連会社の1名が訪問し、URは約1億8000万円を支払うことを口頭で提案しました。一色氏が「もう少しなんとかなりませんか」と言うと、「1割くらいは」といい、その場で、2000万円アップし、約2億円に金額が上がったそうです。URの職員が帰った後、薩摩興業の社長が「ある県議から、この件でURは3億円払うと聞いている」というので、一色氏は、URの担当者に電話したところ、「検討します」と返事し、結果的に、薩摩興業への補償額は、さらに2000万円も増えたのです。

結局、清島氏が提案した内容証明をきっかけに補償交渉をすすめた薩摩興業は、3カ月後の13年8月、URから補償金約2億2000万円を得ました。

そこで、一色氏は甘利事務所への信頼を深め、同年8月20日に現金1000万円を持参して大和事務所を訪れ、応接室で、決着がついた「お礼」を清島氏に言い、1000万円を清島氏に差し出したところ、半分の500万円は「これは別の機会に」と清島氏から返されました。清島氏は、スタッフ男女数人がいた広い部屋に行き、大きな声で「一色さんは約束を守る人だね」と、現金500万円を見せびらかしました。清島氏は応接室に戻ると、100万円と400万円の領収書を持ってきました。いずれも、発行元は自由民主党神奈川県第十三選挙区支部で、宛名は薩摩興業でした。

ところが、清島氏は、後日、「先日の100万円の領収書」を、甘利の元秘書・藤代優也県議が代表を務める「自民党神奈川県大和市第2支部」が発行する「100万円の領収書」(2013年9月6日付)に替えてほしいと言われ、一色氏は「不思議に思ったものの、何か特別な事情があるのだろうと思い、所長の言うままに」領収書を受け取ったのです。

なお、自民党神奈川県第十三選挙区支部の13年分政治資金収支報告書には、8月20日付の薩摩興業名義で100万円の寄付を受領した、と記載されており、神奈川県大和市第2支部の2013年分政治資金収支報告書には9月6日付で100万円の寄付を受領したと記載されています。

この〝お礼〟の後、清島氏の計らいにより、11月14日、一色氏と薩摩興業社長は、議員会館を訪れました。甘利事務所のMさんという女性とともに国会内を見学することになっており、清島所長からは事前に、「Mさんにも3万円くらい商品券を用意してくださいね」と頼まれていましたが、うっかり忘れてしまい、仕方なく現金を封筒に入れ、議員会館の地下にある売店の側で、所長に「Mさんに渡してください」と預け、国会見学を終えると、13時過ぎから議員会館で昼食を取り、その後、清島氏に大臣室へ案内されました。薩摩興業社長は、「桐の箱に入ったとらやの羊羹と一緒に紙袋の中に、封筒に入れた現金50万円」を添えて、「これはお礼です」と言って大臣の甘利氏に手渡したところ、紙袋を受け取ると、清島所長は甘利大臣に何か耳打ちすると、甘利氏は「あぁ」と言って50万円の入った封筒を取り出し、スーツの内ポケットにしまい、羊羹が入った紙袋を椅子の横に置きました。事前に面会は15分だけと清島氏から言われていましたが、結局40分くらい大臣室で雑談をし、そして全員で記念写真を撮ったそうです。

（3）2014年以降の新たなトラブルについての「口利き」（告発事実2）

薩摩興業とURとのトラブルはこれだけでは終わらなかったのです。URの工事により建設中の道路に隣接している薩摩興業の敷地のコンクリートに、いくつもの亀裂が入ったので、薩摩興業は業務に支障がでる恐れがあるためURに抗議しました。もっとも、コンクリートを補修するとなると、敷地全てのコンクリートを剥がす必要がありました。コンクリートの下に大量の産業廃棄物が埋まっており、薩摩興業は2014年に、行政機関から、〝コンクリートを剥がした場合は地中に埋没する全ての産廃を取り除くこと〟と文書で指導されており、コンクリートを打ち直すということは、薩摩興業が借りている敷地一帯に埋まっている産廃を全て撤去しなくてはならなり、その費用が百億円以上かかります。しかしURは、薩摩興業には約1億3000万円の補償金しか支払わないといっていました。

そこで、薩摩興業は、産廃撤去を巡る約30億円規模の補償交渉をめぐっても、甘利事務所に口利きを依頼したのです。

一色武氏は、甘利氏本人にも口利きを依頼するために、14年2月1日の午前10時30分、大和事務所の応接室を訪問しました。新たなURとのトラブルを説明するために数センチ程の厚みがある青いファイルに資料を挟み、事前に清島所長から指示されていた通り、要点をまとめたA4用紙2枚を持参し、清島氏に手渡しました。10時半を過ぎたころ到着した甘利氏に、清島所長は「この資料を見てください」と言って、一色氏の持参したファイルを手渡したところ、甘利氏は、真剣に目を通し、「これはどういうこと?」と、いくつか質問をしたものの、すぐに要点を理解したようで、甘利氏は、「一色さん、ちゃんとやってるんだね。わかりました」と言い、清島所長に「これ（資料）、東京の河野君（現・大臣秘書官の河野一郎氏）に預けなさい」と指示しました。

そして清島所長が「一色さん、例のものを」と小声で言うので、一色氏は現金50万円が入った封筒を甘利氏に差し出したところ、甘利氏は「ありがとう」と言って、封筒を受け取った後、「パーティー券にして」と清島氏に言いました、一色氏が「いや、個人的なお金ですから（受け取ってください）」と言うと、大臣室の時と同様に、甘利氏は内ポケットに封筒をしまいました。最後に、清島所長がカメラのシャッターを押し、一色氏と甘利氏の写真を撮影しました。

しかし、URとの補償交渉は甘利氏に事情を説明してから約5カ月半が経っても進展しませんでした。7月半ば、一色氏の誕生日が近いからという理由で清島所長から会いたいと連絡があり、居酒屋で所長と会うと「大臣から預かっているものがある」と、甘利氏が一色氏に書いた色紙を持参していました。一色氏の名前を入れて「得意淡然 失意泰然」と書かれており、これを読み、一色氏は「甘利大臣がきっと動いてくれると信じながら」じっと待つことにしました。この日の会計も一色氏が支払いました。この頃、一色氏は清島氏との関係を深め、毎週のように会うようになっていました。

さらに、甘利事務所の鈴木陵允政策秘書も補償交渉に加わりました。一色氏は清島氏の紹介で、14年7月17日、鈴木氏と初めて酒を酌み交わしたところ、鈴木氏は、環境省の役人を議員会館に呼び、産廃の処理をどうするのか話してみましょうと提案します。その結果、9月25日17時半に、一色氏は環境省の課長ら2人と議員会館で面会し、鈴木氏と清島氏が同席しました。このとき鈴木氏は、机を叩きながら、環境省の役人に迫っていたので、一色氏は「なかなかのやり手だな」と感じたそうです。話し合いが終わると、一色氏は清島氏、鈴木氏と赤坂で食事をし、錦糸町のキャバクラなどを2軒ハシゴしました。

11月、横浜のホテルで、「甘利明君を囲む会」があり、その会場で甘利氏は、一色氏に「その後、うまくいってますか？」と声をかけました。

1カ月後に衆議院総選挙が迫っていた11月20日、一色氏は清島氏から金銭提供の依頼を受けたので、URとの交渉に尽力してくれる清島所長の頼みとあって、神奈川県平塚市の居酒屋で薩摩興業の名義と一色武氏の名義で現金50万円ずつを寄付しましたが、一色氏の50万円の寄付について清島氏は政治団体として届け出のない「甘利明事務所」と書いた手書きの領収書を出したそうです。薩摩興業からの50万円については、神奈川県大和市第2支部の14年分政治資金収支報告書に記載があったものの、一色氏の50万円の寄付については、一切記載がなく、公選法が命じている、甘利明氏の選挙運動費用収支報告書にも、一切記載がなかったのです。

URとの交渉は15年に入っても、うまく進まなかったので、一色氏は、同年9月17日、清島氏に改めて相談しました。そうすると清島氏は、「もう1回仕切り直しましょう。甘利事務所で根回しして、決裁権のある人を出してもらいましょうかね」と言い、次の二通りの方法を提案しました。

〝正規ルート〟では、「鈴木の方から現場の担当に上の人間を紹介しろ、と。で、薩摩興業さんが直接話をするからと。それが一つ」、〝本社ルート〟では、「もう一つは、こちらから、どうなりました？っていう確認を入れると。本社に」

甘利事務所がより積極的に関与して、〝正規ルート〟と〝本社ルート〟の二方向でURへ話を通すというで、ここから、甘利事務所の口利きは一層露骨になっていくのです。

なお、同日、国交省への口利きについて清島氏は、居酒屋で一色氏に対し、「（何もしてくれないいなら局長も商品券を）返せばよかったですよね、5万。へへへ」と話したそうです（局長は、「週刊文春」の取材に受け取りを否定）。

10月5日、清島氏は、〝正規ルート〟によって、UR総務部の国会担当職員を大和事務所に呼び出し、一色氏、清島氏、鈴木氏と4名で産廃撤去について話し合ったそうです。清島氏は、この交渉直前、一色氏に「こっちも（URを）追い詰めていかないと」と意気込みを語りました。国会担当職員が大和事務所に姿を見せると、まず鈴木氏が「ご相談事というのは、用地買収の部分で御社役員の方とお話をしたいっていうのが主なんですけど」とまくし立て、一色氏がこれまでの事情を説明すると、鈴木氏がURに「千葉のURの理事か何かいるよね。あのへん出してもらって、会社としてどのように現状を把握しているのか、というのを聞いていただいて。そういうのは可能ですかね」と圧力をかけました。補償交渉の資料に目を通した鈴木氏が「私、前向きだと思ったんだけど」と尋ね、URの国会担当職員が「後ろか前かで言ったら、前」と応じたのです。

10月9日、秘書AとURが議員会館で面会した際、秘書Aは「ただ先方の話を聞いてもらうだけで良い。甘利事務所の顔を立ててもらえないか。何とかお願いしたい」と話し、URは「承知した」と応じ、秘書Aは「よろしくお願いしたい。本件はうちの事務所ではどうにもできないし、圧力をかけてカネが上がったなどあってはならないので、機構本社に一度話を聞いてもらう機会を作ったことをもって当事務所は本件から手を引きたい」と話しました。

10月27日、一色氏は、UR側から連絡を受け、UR千葉ニュータウン事業本部を訪れました。この時、一色氏が、今回の交渉がセッティングされた経緯を尋ねると、URは次のように答えました。

「（一色が）甘利事務所の鈴木秘書に会われて、今回の補償の案件について、ちょっと要望されたというふうに伺っておりまして。それは鈴木秘書が仲立ちしていただきまして、ちょっと業者の人に会っていただけないかということで」

同日、議員会館の甘利事務所にＵＲの総務部長とＵＲの国会担当職員が姿を見せたと、清島氏は一色氏に説明し、鈴木氏のＵＲへの〝威圧〟ぶりを自慢気に語ったそうです。

「開口一番威圧したんですよ。私たちは、今までこれほどこじれた話なんだから、現場ではなく、ちゃんと本社に持って帰る話だろうという話をしてたんです。」「最初にガツンと会った瞬間に『あんたたち、俺たちの顔立てるっつったよな、わかんなかったの？』って言ったから。たぶん（ＵＲ側は）『いや、違います』と言い訳（をしていた）。」「こっちが威圧したから取り繕うような話になったんですけどね。」

さらに、清島氏は一色氏に対し、補償金額を具体的に要求するようアドバイスしました。甘利事務所が補償交渉により介入しやすくするためにも、大まかな数字を出すべきだと助言したのです。

「一応推定20億かかりますとか、そういうなんか言葉にして欲しいんですよね。実際の金額について細かいとこまで絡めないんですよ。こういうところは今だったらギリギリ絡めるんで。」「今回（甘利事務所が）出ることによって、少しでも話がつきやすくなるのであればと思って、ギリギリの線出たんで。」

10月28日、秘書ＡとＵＲは議員会館で面会しました。その時の交渉は以下のようなものでした。

（秘書Ａ）一体先方はいくら欲しいのか？

（UR）　具体額はおっしゃらない

（秘書A）　私から先方に聞いても良いが？

（UR）　逆にこれ以上は関与されない方がよろしいように思う。先日もご説明したとおり、現在の提示額は基準上の限度いっぱいであり工夫の余地が全くなく、先方に聞いてしまうとそちらも当方も厳しくなる。

11月2日、秘書Bと一色氏が神奈川県内で面会しました。その時の会話は以下のようなものでした。

（秘書B）　具体的に数字を言わないと向こうはどうしていいか分かんないみたいなんです。

（一色）　私はあくまでもコンクリ打ち直しをしてくれという話をしていて、数字の話は一切ないんですよ。一番びっくりしたのが、今日の会合はどういう経緯ですかって言ったら、いきなり「甘利大臣」から、

（秘書B）　逆におれは聞かれたら出しますよと。それはうちの顔を立ててくれたんですよ。その2日後に説明に来たんですよ。うちの顔を立てましたと。本当にそういう意図かは知らないですよ

※中略

（秘書B）　コンクリートの費用がかかったとか、地下に埋まった分はどうするんだとか。そういうものなりを作って下さい。

（一色）　それじゃ推定どころじゃなく作れないですね。

（秘書B）それは別に一色さんが計算する必要はないので。その代わりに下にある産廃はどうするんだ、まででいいです。

（一色）それ言います。口頭でやります。

（秘書B）一応推定20億かかりますとか、かかると聞いておりますとか、そういう言葉にして欲しいんですよね。もしかしたら実際の金額について細かいとこまで絡めないですよ。こういうところは今だったらギリギリ絡めるんで。

11月2日、一色武氏は、神奈川県大和市の飲食店で秘書と面会した際、「これでURの方がまとまっちゃうと思うんで、えっと○○さん（別の元秘書の名前）がレクサスでしたっけ」「カタログ持ってきてもらわないと。ご本人が全部オーダーしなきゃいけませんから」と発言し、秘書は、別の秘書にメールを打ちながら「一色さんが『レクサス何色がいいか』って聞いてるよ」と、文面を読み上げながら応じました。

11月12日、鈴木氏は、千葉県にあるURの事務所を一色氏と訪れ、URの会議に同席しました。交渉を終え、鈴木氏は一色氏にこう感想を漏らしたそうです。

「こういうのなんだなってのが分かったし、次、打開策じゃないですけど、やり方も出てくると思います」

一色氏が「今日夜（URから）また電話来ますよ」と言うと、鈴木氏は「そしたらまた教えて下さいよ。これこれこうで、と進め方も考えられるんじゃないですかね」と応じました。

一色氏は、この日、鈴木氏に「結婚祝い5万円、車代3万円」を手渡しました。

12月1日、清島氏は再びURの総務部長を大和事務所に呼び出しました。清島氏は後に、このときの交渉の様子を一色氏に報告しました。

「『駄目なら駄目なりにね、なんで値段上げられないのかね』って言ったら、『そうですよね』と。」

「『大臣もこの案件については知っているんで、こっちもちゃんと返事を返さなくちゃいけないんですよ』と言ったら、（UR側は）大臣のポスター見て『そりゃすぐやんないと駄目ですね』とか言って。」

「あんだけ（自分が）『甘利事務所の名が出るのが嫌だ』って言いながら、もうここまで出たからいいやって、開き直ったんですけど、ハハハ。まだどう転ぶか、向こうから返事ないんで。でも、もうかなりこれは向こうを追い詰めたというか。」

12月16日、清島氏はまたもURの総務部長を大和事務所に呼び出しました。一色氏にこう報告しました。

「雑談をした時、（UR側は）『これ以上、甘利先生のところが深入りするのは、自分としても良くないと思います』と、そこから始まりました。そうはいっても、（私は）『うちは（一色氏とは）縁は切れませんよ』と。『だから、ちゃんと結論としては何かを出していただくしかないですよ』と言ったんです」

清島氏は甘利明氏の関与について、一色氏にこう明言しました。

「『大臣もこの案件（URの件）は知ってるんで、こっちもちゃんと返事返さなくちゃいけないんですよ』って（URに）言った」（2015年12月7日）

「『大臣さえ納得してれば、うちが納得すれば、お金を釣り上げるわけないでしょ』って（UR総務

部長に言った）。『うちが納得するのは、ある程度、お金が釣り上がることだよ』と今日も言った」（同年12月22日）

交渉の当事者であるURは「週刊文春」に次のように回答しました。

「10月5日、12月1日、16日に状況の確認との名目で、当機構の職員が大和事務所に呼び出されたのは事実です。清島氏や鈴木氏からは『前に進めるようなことを考えてほしい』という話がありました。『大臣にも報告しています』という発言もあった。秘書からの問い合わせはよくありますが、（3回も4回も呼ばれることは）あまりありません。」

一色氏の説明によると、薩摩興業および一色氏が13年以降「口利きの見返り」として甘利氏やその秘書らに渡した金や接待で、確実な証拠が残っているものだけでも1200万円に上るが、確実な証拠が残っていないものも含めると、もっと高額になるというのです。

一色氏は15年もURとの交渉に関して秘書と会うたびに、現金15万円を53回、計795万円を渡しましたが、いずれも秘書は領収書を作らなかったそうです。同年6月と11月に開かれた甘利氏の政治資金パーティーの券も20万円ずつ計40万円分購入しました。14年も含めると、14年〜15年に少なくとも900万円超を甘利氏側に提供したことになるというのです（以上、事実関係については、前掲「週刊文春」記事のほか、「民主〝甘利氏元秘書と建設会社担当者面会〟音声公開」NHK2016年2月15日 19時18分、「『20億円かかる』甘利氏問題、元秘書の面会音声公表」朝日新聞同年2月15日21時02分、「甘利氏元秘書、レクサス要求か 民主、新たな音声公表」朝日新聞同年2月16日20時4分、などを参照）。

（4）あっせん利得処罰法違反

ア「公職にある者」

甘利明氏が犯罪行為時に「公職にある者」であることは明らかです。

なお、清島健一氏及び鈴木陵允氏はあっせん利得処罰法2条にいう「衆議院議員の秘書」であることは明らかです。本件においては清島健一氏及び鈴木陵允氏は構成的身分犯である「公職にある者」と共同正犯となるので、秘書としての身分を有していることは犯罪の成否や科刑において影響を及ぼしません。

イ「国又は地方公共団体が資本金の二分の一以上を出資している法人」

ＵＲが「国又は地方公共団体が資本金の二分の一以上を出資している法人」であることは明らかです。

ウ「（イの法人が）締結する…その他の契約に関し」

前述したとおり、13年の補償交渉における甘利氏らの「口利き」は、ＵＲが千葉県白井市内に道路を敷設する工事予定地に隣接する薩摩興業占有地を工事用重機や資材置き場として使用することや、工事の振動で建物に生じた被害の賠償要求などに関連するＵＲと薩摩興業との交渉に関する「口利き」です。すなわち、甘利氏らは、ＵＲと薩摩興業との間の補償金額に関する交渉ならびにその結果としての補償契約（ないしは和解契約）に関して「口利き」を行ったのです。

14年以降の新たなトラブルについての「口利き」も、ＵＲが千葉県白井市内に道路を敷設する工事予定地に隣接する薩摩興業が賃借している敷地に埋設された産業廃棄物の撤去費用の補償金などに関連する補償金額に関する交渉です。すなわち、甘利氏らは、URと同社間の補償金額交渉ならびにその結果としての補償契約（ないしは和解契約）に関して「口利き」を行ったのです。

エ　「請託を受けて」

前述のとおり、甘利氏らは、13年の補償交渉における「口利き」及び14年以降の新たなトラブルについての「口利き」を、薩摩興業の総務課長一色武氏からの依頼を受けて行っているので、「請託を受けた」ことは明らかです。

オ　「その権限に基づき影響力を行使して」

「権限に基づく影響力の行使」とは、国会議員の権限に直接または間接に由来する影響力を行使することのみならず、権限に随伴する事実上の職務行為から生ずる影響力を行使することも含まれると説明されています。あっせん利得処罰法にいう影響力は、権限に随伴する事実上の職務行為から生ずる影響力にその主眼があるというべきです。なぜなら、あっせん利得処罰法は議員秘書のあっせん行為も処罰対象としているところ、議員秘書自身が「国会議員の権限に基づく影響力」そのものを行使することなどできるはずはなく、そこでいう「影響力の行使」は事実上の職務行為から生ずる影響力をいうと解さざるを得ないからです。

そして、公職にある者がそのような「影響力」を有しているか否かは、公職者の立場、あっせんの際の言動、あっせんを受ける公務員の職務内容、その他諸般の事情を総合して判断されるべきです。

甘利明氏は、1983年に初当選以来、当選11期目の衆議院議員です。労働大臣、経済産業大臣、内閣府特命担当大臣（規制改革）、内閣府特命担当大臣（経済財政政策）等を歴任し、2012年にはいわゆる党三役の一角である政務調査会長を務めています。その上、安倍首相の盟友として安倍内閣を支えてきた人物であり、今回の犯罪行為時も経済再生大臣等を務める有力閣僚でした。すなわち、甘利明氏は、党内外に強く幅広い影響力を有する有力な国会議員なのです。そして、URは、国がほぼ全ての出資を行い、独立行政法人都市再生機構法に基づき設立された独立行政法人です。毎年、URには、国から多額の補助金が支出されています。したがって、甘利明氏の事実上の権限はURの職員に対しても当然及んでいると考えるべきです。

そして、清島健一氏及び鈴木陵允氏は、そのような影響力を背景として、議員会館や地元事務書等においてURに対し「甘利事務所の顔を立てろ」等述べながら交渉を行っているのですから、事実上の職務行為から生じる影響力を行使しており、「権限に基づき影響力を行使して」いると評価されるべきです。

カ　「当該法人の…職員にその職務上の行為をさせるようにあっせんしたこと」

甘利氏らの行為は、UR職員に対し、URが職務上行うべき薩摩興業との保証契約（ないしは和解契約）締結行為やそのための交渉を行わせるために行った行為です。したがって、それらの行為が「当該法人の…職員にその職務上の行為をさせるようにあっせんしたこと」に該当することは明らかです。

キ　「（カにつき）その報酬として財産上の利益を収受したとき」

甘利氏らは、前記カのあっせん行為の報酬として、前述のとおり薩摩興業の総務課長一色武氏から現金を受け取るなど「財産上の利益を収受」しているのです。

◆共謀

政治家とその公設秘書は、その政治活動の職務遂行に関して、常に情報の共有の下、徹底した指揮監督が貫かれて、一心一体となって活動しているものと考えられます。とりわけ、本件一連のあっせん行為においては、あっせん依頼者である一色氏において、清島健一氏および鈴木陵允氏のみならず、甘利明氏に対しても、直接請託の趣旨の説明をしており、報酬たる利益の収受も、3名ともに、直接収受していることから、共謀の存在についての容疑は十分というべきです。

なお、甘利明氏が本件告発を端緒とする訴追によって有罪判決を受けた場合には、公職選挙法第11条第1項第4号の「公職にある間に犯した『あっせん利得処罰法第1条の罪』により刑に処せられその執行を終わり、若しくはその執行の免除を受けた者でその執行を終わり若しくはその執行の免除を受けた日から5年を経過しないもの、又はその刑の執行猶予中の者」の公民権停止規程の適用を受けることになります。

甘利明氏の罪責に照らして、その政治家としての失格は明瞭であり、刑罰に加えて公民権停止となるのが当然です。

◆補充と情状

本件告発事件は、閣僚として政権の中枢にある有力政治家（甘利明）事務所が、民間建設会社の担当者からURへの口利きを依頼されて、URとのトラブルに介入して、その報酬を受領したという、あっせん利得処罰法が想定したとおりの犯罪です。

同法の保護法益は、「公職にある者（衆議院議員等の政治家）の政治活動の廉潔性ならびに、その廉潔性に対する国民の信頼」とされています。政治の廉潔性に対する国民の信頼と言い換えてもよいでしょう。本件の甘利明氏の行為は、政治の廉潔性に対する国民の信頼を著しく毀損したのです。

しかも、通例共犯者間の秘密の掟に隠されて表面化することのない犯罪が、対抗犯側から覚悟の「メディアへの告発」がなされ、しかも告発者側が克明に経過を記録し証拠を保存しているという稀有の事案です。世上に多くの論者が指摘しているとおり、この事件を立件できなければ、あっせん利得処罰法の適用例は永遠になく、立法が無意味だったことになるでしょう。

甘利氏らが、請託を受けたこと、その権限に基づく影響力を行使したこと、URの職員にその職務上の行為をさせるようにあっせんをしたこと、さらにその報酬として財産上の利益を収受したことに疑問の余地はないと思われます。

本件は決して軽微な事案ではありません。「週刊文春」などの報道によれば、甘利氏らが、本件補償交渉に介入する以前には、UR側は「補償の意思はなかった」（週刊文春）、あるいは「1600万円に過ぎなかった」とされています。ところが、甘利氏らが介入して以来、その金額は1億8000万円となり、さらに2億円となり、最終的には2億2000万円となりました。

この経過は、有力政治家の口利きが有効であることを如実に示すものであり、本件を氷山の一角とする同種事件が秘密裡に蔓延していることを示唆するものです。

これを払拭するために、本件については厳正な捜査と処罰が必要とされています。

甘利氏らの本件被告発行為については、主権者の立場から「政治の廉潔性に対する国民の信頼を傷つけること甚だしい」と叱責せざるを得ません。

告発人らは、我が国の民主政治の充実とさらなる発展を望む理性ある主権者の声を代表して本告発に及びました。甘利明氏において、閣僚を辞したことによって十分な社会的責任を果たした、秘書を辞したから十分な制裁を受けた、などと糊塗してはなりません。

とりわけ、いわゆるトカゲのシッポ切り同然に、すべてを秘書の責任に押しつけることによる、甘利明氏の刑事訴追対策に乗じられてはなりません。

捜査機関の適切厳正な対応を期待してやみません。

(5) 政治資金規正法違反（告発事実3）

薩摩興業は、13年8月、URから補償金約2億2000万円を得ることができたので、一色氏は、同年8月20日に現金1000万円を持参して大和事務所を訪れ、そこの応接室で、決着がついた「お礼」を清島氏に言い、1000万円を清島氏に差し出したところ、半分の500万円は「これは別の機会に」と清島氏から返されました。清島氏は、一旦応接室を出てまた戻ってきましたが、100万円と400万円の領収書を持ってきました。いずれも、発行元は自由民主党神奈川県第十三選挙区支部で、宛名は薩摩興業でした。

ところが、清島氏は後日、「先日の100万円の領収書」を、甘利氏の元秘書・藤代優也県議が代表を務める「自民党神奈川県大和市第2支部」が発行する「100万円の領収書」（2013年9月6日付）に替えてほしいと言われ、一色氏は「不思議に思ったものの、何か特別な事情があるのだろうと思い、所長の言うままに」領収書を受け取りました。

1カ月後に衆議院総選挙が迫っていた14年11月20日、一色氏は清島氏から金銭提供の依頼を受けたので、URとの交渉に尽力してくれる清島所長の頼みとあって、神奈川県平塚市の居酒屋で薩摩興業の名義と一色武の名義で現金50万円ずつを寄付しましたが、一色氏の50万円の寄付について清島氏は政治団体として届け出のない「甘利明事務所」と書いた手書きの領収書を出しました。

13年1月1日から14年12月末まで、甘利明氏は「第13選挙区支部」の代表であり、清島健一氏は同支部の会計責任者であり、

①「第13選挙区支部」は13年8月20日に薩摩興業（株）から告発事実1における口利きのお礼として500万円の寄付を受領したと本件13年分「第13選挙区支部」収支報告書の収入欄に記載する義務があったのに、甘利明氏と清島健一氏は共謀の上、500万円うちの100万円しか寄付の受領をしていないと虚偽記入して（収支報告書68頁）、政治資金規正法に違反したのです（虚偽記載罪・第25条第1項第3号）。

②「第13選挙区支部」は13年9月6日に自由民主党神奈川県大和市第2支部に100万円を寄付したと本件13年分「第13選挙区支部」収支報告書の支出欄に記載する義務があったのに、甘利明氏と清島健一氏は共謀して、当該100万円は薩摩興業（株）が同日自由民主党神奈川県大和市第2支部に

寄付したように偽装して、当該100万円の寄付を同収支報告書の支出欄に記載せず、政治資金規法に違反したのです（不記載罪・第25条第1項第2号）。

③「第13選挙区支部」は14年12月14日執行の衆議院議員総選挙前の同年11月20日に、告発事実2における口利きのために薩摩興業（株）の総務担当者である一色武氏から50万円の寄附を受領したと本件14年分「第13選挙区支部」収支報告書の支出欄に記載する義務があったのに、甘利明氏と清島健一氏は共謀の上、それを収入欄に一切記載せず、政治資金規法に違反したのです（不記載罪・第25条第1項第2号）。

◆予備的告発

①前述の政治資金規正法違反②における100万円が薩摩興業（株）から自由民主党神奈川県大和市第2支部への寄付だったとして処理したことが合法であったとしても、前述の政治資金規正法違反①における受領寄付は400万円になるところ、甘利明氏と清島健一氏は共謀し、400万円の寄付を受領したと本件13年分「第13選挙区支部」収支報告書の収入欄に記載する義務があったのに、そのうちの100万円しか寄付の受領をしていないと虚偽記入し政治資金規法に違反したのです（虚偽記載罪・第25条第1項第3号）。

②前述の政治資金規正法違反③における50万円の寄付が甘利明氏の選挙運動のための資金で、かつその受領者が自由民主党神奈川県大和市第2支部ではなく甘利明氏であったとしても、甘利明氏と清島健一氏は共謀し、公職選挙法第189条第1項に定める「選挙運動に関する収支報告書」（12

年11月19日～12月26日までの第1回分）の収入覧に、50万円の寄付を受領したと旨記載する義務があったのに、それを一切記載しないまま、かつ出納責任者にその旨知らせず、同法第246条第5の2号に違反したことになります（間接正犯）。

③甘利明氏は、告発事実1における「口利きのお礼」として薩摩興業（株）から13年11月14日に50万円の贈与を受け、また、告発事実2における口利きのために薩摩興業（株）から14年2月1日に50万円の贈与を受けていますが、この合計100万円につき、本件14年分「第13選挙区支部」収支報告書の収入欄に記載し、同年2月4日に薩摩興業（株）から受領した寄付100万円であった旨（収支報告書67頁）説明していますが、甘利明氏個人への合計100万円の贈与を、寄付者の意思を無視して勝手に「第13選挙区支部」への寄付として処理することは、真実を記載しなければならない政治資金収支報告書に虚偽の記載をしたことになるので、甘利明氏と清島健一氏は共謀し、政治資金規正法に違反したことになります（虚偽記載罪・第25条第1項第3号）。

（6）告発人らの告発の動機

私たちは、本件については週刊紙の報道後、直ちに刑事告発を準備しましたが、当時、国会での審議や、東京地検特捜部が自ら強制捜査に踏み切ることの可能性に期待してその支障になってはいけないと判断して告発を保留していました。しかし御庁は安倍内閣に「遠慮」「配慮」してか捜査に着手しなかった様子でした。そこで東京の弁護士らが告発しましたが、このままでは様々な「横やり」

「配慮」などの結果、お茶を濁す可能性を心配して、本件について東京地検特捜部が本格的に捜査を遂げるためには、多くの関係者が告発する必要性を感じ、同時に広く、多くの国民に告発を呼びかけるためにも、自らも告発したのです。

2　東京地検特捜部の不起訴処分と東京検察審査会への審査申立

(1) 東京地検特捜部の不起訴処分と東京検察審査会への審査申立

私たちの以上の告発に対し、東京地検(特捜部)は、今年5月31日付で、甘利明氏、清島健一氏、鈴木陵允氏の3名を不起訴処分にしました。不起訴処分の理由は嫌疑不十分です。なお、理由は処分した検察官からの電話で、代理人代表弁護士が「嫌疑不十分」と聞いただけであり、どの事実についてどのように証拠がなく、嫌疑不十分となったかの質問をしましたが、それは答えられないと拒否されました。

したがって、報道されている「権限に基づく影響力の行使」を『いうことを聞かないと国会で取り上げる』などという違法・不当な強い圧力を行使したかどうかの限定的な解釈をした結果、不起訴になったのか、その理由は不明です。

そこで、私は、東京検察審査会に審査申立をするために、6月3日付で東京検察審査会に対し「起訴相当」の議決を求める審査申立書を送付しました。

（2）不起訴処分の不当性

特に口利き問題（あっせん利得処罰法違反）に関する「不起訴処分の不当性」については、以下のとおりです。

◆政権の有力政治家の介入事件である

本件告発事件は、閣僚として政権の中枢にある有力政治家（被疑者甘利明）事務所が、民間建設会社の担当者からURへの口利きを依頼されて、URとのトラブルに介入して、その報酬を受領したという、あっせん利得処罰法が典型的に想定したとおりの犯罪です。同時に、口利きによる報酬であることを隠蔽するために、政治資金規正法にも違反し、不記載罪を犯した事件です。

◆あっせん利得処罰法の保護法益

あっせん利得処罰法の保護法益は、「公職にある者（衆議院議員等の政治家）の政治活動の廉潔性ならびに、その廉潔性に対する国民の信頼」とされています。政治の廉潔性に対する国民の信頼と言い換えてもよいでしょう。本件の被疑者甘利明の行為は、政治の廉潔性に対する国民の信頼を著しく毀損したことは明白です。

しかも、通例共犯者間の秘密の掟に隠されて表面化することのない犯罪が、対抗犯側から覚悟の「メディアへの告発」がなされ、しかも告発者側が克明に経過を記録し証拠を保存しているという稀有の事案です。世上に多くの論者が指摘しているとおり、この事件を立件できなければ、あっせん利得処罰法の適用例は永遠になく、立法が無意味だったことになるでしょう。

被疑者らが、請託を受けたこと、したこと、URの職員にその職務上の行為をさせるようにあっせんをしたこと、さらにその報酬として財産上の利益を収受に疑問の余地はないと思われます。

◆検察の不起訴処分は政権政党の有力大臣であった者への「恣意的」で「政治的」な不起訴処分

検察は国民の常識から見て起訴すべき事案を、もし報道されているように検察官が「権限に基づく影響力の行使」を『言うことを聞かないと国会で取り上げる』などという不当な強い圧力を行使したかどうかのごとき限定解釈をしたというのであれば、その解釈は政権政党の有力大臣であったことによる『意図的』で『政治的』な限定解釈であると断じざるを得ません。

第一に「権限に基づく影響力の行使」を『言うことを聞かないと国会で取り上げる』などのような一般的な制限的解釈は正しくはありません。条文は「その権限に基づき不当に影響力を行使」したとか言う「行為態様」に関して一切の制限をしていません。

権限に基づくという影響力の行使とは、行為態様が強いとか弱いとかいうのではなく、国会議員が有する客観的地位、権限に基づく影響力の行使を言うのであって、その影響力の行使の「態様」を制限していないのです。それをあたかも「影響力の行使」の「態様」について『言うことを聞かないと国会で取り上げる』などという制限的な態様を解釈で補充することは検察の極めて恣意的な解釈であると同時に検察の「立法」に該当します。あっせん利得処罰法の保護法益は前記に述べたように政治家はカネを貰って斡旋行為をすることを禁じた法律であり、政治家などの政治活動の廉潔性ならびに、その廉潔性に対する国民の信頼が毀損された場合に処罰する法律であって、その権限の行使態様には一切の制限がないのです。

確かに一般の国会議員等が関係機関に要請した場合又は口利きを罰することは正しくはありません。しかし、国会議員等の要求、口利きであってもその「行為」の報酬としてカネを貰うという「議員等とのカネでの癒着」行為を罰するのであって、通常の政治家の要請行為や口利きを罰するものではありません。

第二に本件の場合は安倍政権の有力大臣であり政治家の「要請」行為であったからこそ、UR側は当初は補償の意思がなかったのに2億2000万円まで大幅に補償額を上乗せして支払っているのです。この結果＝社会的事実は甘利大臣側がどのような言葉で要請したかではなく、安倍政権の有力政治家が有する「権限に基づく影響力の行使」という客観的な地位、権限があったからこそ、UR側は飛躍的に補償額を上乗せしたのです。『言うことを聞かないと国会で取り上げる』と言ったとか、言わなかったという問題ではなく、当時の甘利大臣の当時の飛ぶ鳥を落とす「地位」「威力」「権限」があったからこそ、UR側も要求に応じたのでしょう。例えが悪いですが巨大な指定暴力団の有力幹部が横に座っているだけで口に一言も発しなくてもその「威力」に負けて要求に応じるのと同一の問題です。

第三に、本件は決して軽微な事案ではありません。「週刊文春」などの報道によれば、被疑者甘利らが、本件補償交渉に介入する以前には、UR側は「補償の意思はなかった」(週刊文春)、あるいは「1600万円に過ぎなかった」とされています。ところが、被疑者らが介入して以来、その金額は1億8000万円となり、さらに2億円となり、最終的には2億2000万円となった巨額の事件であり、甘利側が貰った金額も巨額です。今回の事件は、有力政治家の口利きが有効であることを如実に示すものであり、これを放置すると多くの業者などが、政権政党の有力政治家に多額のカネを払い、関係機関に「口利き」を要請する事態が跋扈することになるでしょう。

これを払拭するために、本件については厳正な捜査と処罰が必要とされているのです。

◆結語

本件のような、有力政治家による口利きがあったことが明白な事件においてあっせん利得処罰法の適用ができないということになれば、「公職にある者(衆議院議員等の政治家)の政治活動の廉潔性ならびに、その廉潔性に対する国民の信頼」を保護することなど到底できないことになります。そして、今後政治家による「適法な口利き」が野放しとなり、国民は政治活動の廉潔性を信頼することがなくなり、政治不信が増大することになります。

口利きによる利益誘導型の政治が政治不信を招き、それを防止するために制定されたあっせん利得処罰法の趣旨を十分理解したうえで、検察官の不起訴処分に対して法と市民の目線の立場で「起訴相当」決議をしていただきたく審査請求をする次第です。ちなみにあっせん利得処罰法違反で500万円を受領した事件の時効は本年8月20日に満了します。早急に審査の上、起訴議決をして頂きたいのです。

(3) 審査申立の受理と東京第4検察審査会の「不起訴不当」議決

私の以上の審査申立は、6月4日に東京第4検察審査会に受理されました。同検察審査会は、7月20日に、甘利元大臣においては、すべての被疑事実につき「不起訴相当」を議決したものの、元秘書2名においては、あっせん利得処罰法違反の被疑事実の一部につき「不起訴不当」を議決しました(議決書の作成は同月27日)。

後者につき、より正確に紹介すると、東京第4検察審査会は、元公設秘書の清島氏が報酬として2013年8月20日に大和事務所において一色氏から現金500万円を受けたことと、2015年中に一色氏から53回にわたって現金合計795万円の供与を受けたことにつき「不起訴不当」を議決しました(その余は「不起訴相当」を議決)。そして、その理由としては、以下の三つが挙げられていました。

第一に、あっせん利得処罰法違反における「請託」とは、「その権限に基づく影響力を行使」してあっせんすることを依頼するまでの必要はないと解されているところ、一色氏が被疑者清島に独立行政法人URとの補償交渉についてあっせんを依頼したこと、清島がこれを了承したことは関係証拠から明らかであり、「請託」の事実が認められる。

第二に、あっせん利得処罰法違反における「その権限に基づく影響力を行使」したと認められるためには、あっせんを受けた公務員等の判断に影響を与えるような態様でのあっせんであれば足り、現実にあっせんを受けた公務員等の判断が影響を受けたことは必要ないと解されているところ、あっせんを受けた公務員等の判断に影響を与えるような態様の典型例として職務権限の行使・不行使を交換条件的に示すことが挙げられるが、この典型例に当たる行為が認められないからといって、直ちに「その権限に基づく影響力を行使」したといえない訳ではない。当該議員の立場や地位、口利きや働きかけの態様や背景その他の個別具体的事案における事情によっては、公務員等の判断に影響を与えるような態様の行為と認め得る。

清島は、前記のとおり、薩摩興業からURに対する内容証明郵便が送付された後に、D秘書にURにその確認をするように依頼し、D秘書は、事前の約束もなしにUR本社を訪れてその職員と面談して、薩摩興業とURとの本件補償交渉に関する内容証明郵便への対応を確認したが、薩摩興業とURとの補償交渉という民事的な紛争の場面において、対立する一方の当事者であったとしても、相手方の都合も聞かないまま突然、直接の担当部署でもない相手方の本社に訪問しても対応を断られるのが通常と思われる。D秘書は、あくまでも第三者に過ぎないが、衆議院議員で、有力な国務大臣の一人である甘利の秘書であるからこそ、応接室に通され、UR本社の職員らと面談し、前記の確認をできたとみるのが自然である。D秘書が単に事実確認をするだけであれば、電話をURの担当部署にかければ十分であり、事務作業としても効率的なはずである。しかしながら、D秘書は、敢えて事前の約束もなしにUR、しかも薩摩興業との補償交渉を直接担当している訳ではないUR本社に乗り込み、面談を求めたのは、そういった行動がURの判断に影響を与え得るものと判断しているからであると考えるのが自然である。他方、UR本社職員がわざわざ自らの業務時間を割いて、D秘書と面談し、補償交渉に関する説明をしたのも、それをしないと不利益を受けるおそれがあるからと判断したとみるのが自然である。

また、清島としても、補償交渉の補償金額が増額された経緯を認識していないとしても、それに関して500万円もの高額の現金を受領したのであるから、それ相応の行為をしたという認識があったと考えるのが自然である。

第三に、一色氏が清島に供与した現金500万円の趣旨は、その交付日が増額された補償金の支払日と同一であること、供与された現金が500万円と高額であることを考慮すると、その交付の趣旨は、補償交渉に関する補償金額が増額されたという結果に対する報酬、謝礼であるとみるのが自然である。

以上の理由から、東京第4検察審査会は、「検察官の判断は納得できるものではなく、改めて捜査が必要であるから、不当である。」としたのです。

また、同審査会は、元政策秘書の鈴木氏が報酬として2015年中に一色氏から53回にわたって現金合計795万円の供与を受けた点につき「不起訴不当」を議決しました（その後は「不起訴相当」

を議決）。そして、その理由としては、以下の三つが挙げられていました。

ア　被疑事実の前提となる現金の供与について、関係証拠によれば、清島及び鈴木が、2015年中、一色氏から、多数回に渡り現金の供与を受け、その合計額は多額なものとなっていることが認められる。この現金の供与は、多数回のことであり、関係者による記録や記憶に不正確ないしは曖昧な点があるとしても、そういった事実が一切存在しないとか、一色氏を含む関係者において意図的に虚偽の事実を作出したと疑うべき明確な事情は認められない。

イ　関係証拠によれば、一色氏が、この間、清島に対し、薩摩興業の代表取締役の知人に関する事柄や薩摩興業に関する別の事柄も相談していた事実が認められるものの、この現金が供与されている間、一色氏が継続して相談していたのは薩摩興業とURとの道路建設工事の実施に伴う損傷修復等に関する補償交渉（以下「補償交渉2」という。）であること、多額の現金供与に経済的に見合う事柄は補償交渉2であることを考慮すると、この継続する現金供与の主要な目的は、薩摩興業とURとの補償交渉2に関し清島や鈴木においてあっせん行為をすることの報酬、謝礼であるとみるのが自然である。

清島や鈴木も、繰り返しの現金提供を受けていること、その間、薩摩興業とURとの補償交渉2について相談を受け、関与していたのであるから一色氏による現金供与の目的を理解していたはずである。

そうすると、双方とも、一色氏による現金供与の主要な目的があくまで薩摩興業とURとの補償交渉2に係るあっせんすることの対価と理解していると認められる以上、あっせん利得処罰法違反における「請託」を受けて、あっせんしたことの報酬、謝礼として現金供与が行われたとみるのが自然である。

ウ　被疑事実2のうち、報酬として2015年中に一色氏から53回にわたって現金合計795万円の供与を受けたことは、「あっせんをすること」、すなわち将来あっせんすることの報酬、謝礼として現金の供与を受けたという行為に関するものである。

関係証拠によれば、一色氏と清島との間に、URへの働きかけの方法として具体的な合意，協議の事実までは認められないものの、補償交渉の経緯、その際補償金額が増額したことの対価としてBから被疑者清島に対し500万円もの現金が渡されたことも踏まえると、一色氏が、薩摩興業とURとの補償交渉2について、甘利事務所によってUR担当者の判断に影響を与えるような働きかけを求めていたことは容易に認めることができる。

他方、清島も、一色氏において、甘利事務所による働きかけによって薩摩興業が主張する額の補償金が支払われるようあっせんすることを求めていることを知っていたからこそ、その対価として多数回に渡り現金の供与を受けていたと認めるのが自然である。被疑者鈴木も、一色氏から現金供与を受ける中で、清島から、一色氏の意図につき説明を受け、認識していたとみるのが自然である。

以上の理由から、東京第4検察審査会は、「検察官の判断は納得できるものではなく、改めて捜査が必要であるから、不当である。」としたのです。

◆甘利元大臣や元秘書らの証人喚問を！

しかし、東京地検は8月16日に秘書らを改めて不起訴にしたと発表し、一連の捜査を終え、あっせん利得処罰法を事実上死文化させました。

もっとも、甘利衆議院議員は、大臣を辞任しても政治家としての政治的・道義的責任を十分とったとは言えません。甘利元大臣は、1月28日の大臣辞任会見で「弁護士による調査を続け、しかるべきタイミングで公表する」と約束しながら、その後、「睡眠障害」との診断書を提出し、国会を長期にわたって欠席し説明責任を果たしてきませんでした。それどころか、5月26日朝には、東京・千代田区のホテルニューオータニで「再考・世界経済セミナー」と銘打った朝食会を開催し、本人は欠席したものの政治資金集めをしていました「（「甘利前大臣 国会サボって政治資金パーティーの〝厚顔無恥〟」日刊ゲンダイ2016年6月1日）。

そして前記東京第4検察審査会の議決が公表されて1週間も経たない8月1日、甘利元大臣は、約半年ぶりに国会に姿をあらわし、「不起訴という判断をいただき、私の件はこれで決着した」と記者団に述べ、政治活動を本格的に再開する意向を示しました（「甘利氏『私の件は決着した』 閣僚辞任後初めて国会登院」朝日新聞2016年8月1日19時25分）。

このような言動は、舛添前都知事よりも酷く、無責任の極みです。衆参各院は、国政調査権を行使して、甘利元大臣、元秘書2人を含め事件の関係者を証人喚問して真相を解明し、かつ甘利元大臣の政治的・道義的責任を追及すべきです。

第4章

安倍内閣の閣僚・元閣僚らの政治資金問題

1　西川公也元農水大臣の「補助金被交付企業からの政治献金受領」問題

この章で取り上げる安倍内閣の閣僚の政治資金問題における論点は、まず、税金が政治資金として私物化されている問題です。その問題を抱えている大臣につき、他の政治資金問題がある場合には、紙幅の許す限りで後者の問題も取り上げて紹介します。

◆政治資金規正法の定め

政治資金規正法の定めから、ご紹介しておきましょう。同法は、「国から補助金……の交付の決定……を受けた会社その他の法人」が「当該給付金の交付の決定の通知を受けた日から同日後1年を経過する日……までの間、政治活動に関する寄附をしてはならない」と定め（第22条の3第1項）、これに「違反して寄附をした会社その他の法人の役職員として当該違反行為をした者」は「3年以下の禁錮又は50万円以下の罰金に処する」と定めています（第26条の2第1号）。

また、同法は、「何人も」、これに「違反してされる寄附であることを知りながら、これを受けてはならない」と定め（第22条の3第6項）、これに「違反して寄附を受けた者（団体にあっては、その役職員又は構成員として当該違反行為をした者）」は、「3年以下の禁錮又は50万円以下の罰金に処する」と定めています（第26条の2第3号）。

以上につき、政治資金制度研究会編『逐条解説　政治資金規正法［第2次改訂版］』（ぎょうせい・2002年196～197頁）は、「国……から補助金等を受けている会社その他の法人が、補助金等……を受けているということにより国……と特別な関係に立っており、その特別な関係を維持または強固にすることを目的として不明朗な政治活動に関する寄附がなされるおそれがあるので、それを防止しようとするものである。」と解説しています。

◆林野庁補助金交付決定企業の政治献金

西川公也氏は、栃木県議会議長などを経て1996年の衆議院総選挙で初当選し、2006年に衆議院農林水産委員長に就任するなど農林族として知られていました。14年9月の第2次安倍改造内閣で農林水産大臣に就任し、同年12月24日に発足した第3次安倍内閣で再任されました。

西川氏の「自民党栃木県第2選挙区支部」が補助金の交付決定を受けた木材加工会社（選挙区内にある栃木県鹿沼市）から政治献金を受けており、毎日新聞が「政治資金規正法違反の疑いが強い」と農水大臣辞任前に報じました（「違法献金か　西川農相側に300万円　補助金交付4カ月後」毎日新聞2015年2月13日6時30分）。

その報道によると、木材加工会社が受けた補助金は、林野庁の「森林整備加速化・林業再生事業」であり、林業振興や森林保護のため自民党政権下の09年5月、補正予算で創設されたもので、同社に対する補助金は7億円で、12年5月7日に交付が決まり、その後通知され、同社は栃木県内に新設した工場の機械設備導入に充てたというのです。

同社が補助金を受けた当時は民主党政権で西川氏は落選中でしたが、12年9月20日、同社は西川氏の政党支部に300万円を献金し、同年11月に交付金を受領後、同年12月の衆議院総選挙で西川氏は当選し国政復帰しました。

なお、同社は、補助金交付決定通知から1年以内の翌13年1月30日に社長名義で西川氏の政党支部に別途100万円を政治献金し、さらに同年6月18日、政党支部から100万円分のパーティー券を購入していました。

西川氏は14年9月に農水大臣に就任し、翌10月参議院農林水産委員会で同事業について「できる限りこの事業が継続できるよう努力したい」と答弁し、同11月の記者会見では農業における経済対策を尋ねられ「要望の最も多いのは加速化基金(事業)。これからも最大限の努力をしたい」と答えるなど、度々その必要性を強調していました。

毎日新聞の取材に対し木材加工会社社長は「きちんとした献金で不正なことはしていない」と話し、西川氏の事務所は12年の300万円の献金について「補助事業(を同社が受けていると)のことは知らなかったが、違法な献金の可能性があるので現在の職責にかんがみて返金した」「今年(15年)1月の1、2週目あたりに返金した」と話していました。

◆農林水産省補助金交付決定企業と一体の法人の政治献金

砂糖は環太平洋パートナーシップ協定(TPP)交渉で関税撤廃の例外とするよう日本が求める

「重要5項目」の一つで、業界も保護を求めていますが、西川公也氏の政党支部はTPP交渉に日本が初参加する直前に、砂糖メーカーの団体「精糖工業会」の運営するビル管理会社「精糖工業会館」から政治献金を受けていたことを、毎日新聞が報道しました（「西川農相支部砂糖業界が100万円献金…TPP交渉直前」毎日新聞2015年2月17日7時、「砂糖団体会長：農相の選挙支援…加盟社、パーティー券購入」毎日新聞同年同月同日7時1分）。

この報道によると、精糖工業会は13年3月、農林水産省の「さとうきび等安定生産体制緊急確立事業」で13億円の補助金交付が決まった後で、TPP交渉に初参加（7月23日）する直前の7月17日、精糖工業会館が西川氏の「自民党栃木県第2選挙区支部」に100万円を献金していました。

同支部の政治資金収支報告書によると、西川氏の政党支部への精糖工業会関連の献金等（具体的には塩水港精糖やその子会社からの献金やパーティー券購入）は、西川氏が09年に落選するまではあったものの、翌10年以降12年まではありませんでした。だが、西川氏が12年12月の衆議院総選挙で国政復帰後13年1月11日に精糖工業会館が30万円を献金し、同18日～翌2月5日には精糖工業会の会長会社など3社が10万～50万円、計70万円を献金しており、精糖工業会館はさらに7月の献金100万円のほか、同年9月30日にもパーティー券40万円分を同支部から購入していました。

◆違法献金か？…政治的・道義的に問題の献金！

毎日新聞が最初にスクープ報道した木材加工会社からの300万円の献金は、前述の政治資金規正法により違法なのでしょうか。同法が定める「国から」補助金等の給付金の交付の決定を受けた場合とは、前掲の『逐条解説　政治資金規正法［第2次改訂版］』（197頁）によると、「国から直接給付金の交付を受ける場合」をいい、例えば、国が都道府県に給付金を交付し、都道府県がそれを財源として会社その他の法人の交付の決定する場合のように国から直接に交付の決定を受けていない場合は、本条の適用はない、と解説しています。

木材加工会社が交付を受けた補助金は、各都道府県に基金が創設され、都道府県ごとに自治体、森林組合、加工業者などで作る都道府県単位の協議会が実施計画を立て、一定の条件を満たした事業に基金から補助金を支給する仕組みになっているので、この事業について林野庁は「主体は都道府県で国の直接的な補助金ではない」と説明していますから、この見解に基づくと違法献金ではないことになります。

一方、その補助金事業については12年度の会計検査で、検査院から5件の支出を不当と指摘された際、「国庫補助金」と明示され、是正措置についても補助金適正化法に基づき林野庁に指示されたようなので、「国から」という要件を充足しているとして違法献金と評することも不可能ではないのかもしれません。

もっとも、政治献金それ自体は違法と評したとしても、それを受けた側を処罰するには、政治資金規正法が「違反してされる寄附であることを知りながら」受けてはならない、と定めているので、この点が論点になります。西川氏は「献金元が事業の補助金を受けていることを知らなかった」と説明していました。これについては後で再び取り上げましょう。

では、毎日新聞が二つめにスクープ報道した100万円の献金は、違法なのでしょうか。補助金

13億円の交付決定を受けたのは「精糖工業会」ですが、100万円の献金をしたのは「精糖工業会館」です。両者は形式的に別々の存在であると解すれば、違法献金ではないことになります。また、政治資金規正法では補助金の交付決定を受けたのは「会社その他の法人」でなければなりませんが、補助金を受けた精糖工業会は、法人格のない任意団体なので、そもそも規制の対象外ということになります。

もっとも、精糖工業会の会長と精糖工業会館の社長は同じで、両者の役員は重なり、事務所も同じビルのフロアにあるし、砂糖工業会の山本晶三専務理事は「工業会は任意団体で不動産を持てないので（自前のビルを管理する）精糖工業会館を作った」と毎日新聞の取材に答え、民間信用調査会社の報告書には「工業会は任意団体で不動産の所有と営業活動に商法上制約があることから会館が便宜上設立された」と記されているので、両者は一体であるとして違法献金と評することも不可能ではありません。

また、もし補助金を実際に受け取っているのが精糖工業会を構成する個々の企業であり、かつその各企業が政治献金をしていれば、その各献金が違法と評することも不可能ではないでしょう。ただ、私が現在持っている情報だけでは、違法献金と断定することは難しいかもしれません。

しかし、たとえ違法ではないとしても、最大の問題は、政治的・道義的に看過できない問題点があるということです。それは、税金が補助金と政治献金の形で政治家・大臣の政党支部へと還流し、政治や行政に対し主権者国民が不信の念を抱いてしまうということです。本来なら、そうならないよう自民党議員・大臣は、補助金交付決定企業からの政治献金を絶対に受領しないよう細心の注意を払うべきなのに、そうしてこなかったのは、議会制民主主義にとって重大な問題なのです。

◆未報告の顧問料と脱税、大臣規範抵触、贈収賄!?

西川氏は15年2月23日の衆議院予算委員会で、09年8月衆議院総選挙で落選した約1年後、前述の木材加工会社の顧問となり、顧問料を受領していたことを明らかにしました。また、同月26日、顧問就任と顧問料を国会に報告していなかったとして13年、14年の「関連会社等報告書」を訂正しました。顧問については同日の衆議院予算委員会理事会(秘密会)で報告されました。

毎日新聞の取材によると、献金元で栃木県鹿沼市の木材加工会社は西川氏が落選中の2010年8月から月額18万円を顧問料として支払い、12年1月から月額20万円に増額し、西川氏が農水大臣に就任した前月の14年8月まで渡しており、4年1カ月で計946万円に上っています(このうち少なくとも約400万円は12年12月の国政復帰後に受領)。同理事会では同社のほか4社の顧問に就任していたことも報告され、3社は無報酬で、残る1社は農政関係の調査研究機関とされ、就任期間は11年12月からの1年間、顧問料は計約56万円だったようです(「西川前農相:申告漏れの疑い4年間の顧問料950万円」毎日新聞2015年2月27日)。

さらに、献金元の木材加工会社の100%子会社も13年に林野庁から11億円の補助金交付が決定し、補助金は同年12月と翌14年10月に支払われたこともわかりました(「政治資金規正法…顧問料、子会社だから…都合いいよう解釈」毎日新聞2015年3月7日8時)。

以上の報道に基づくと、木材加工会社が補助金の交付を受けていたことにつき西川氏がその顧問を務めていた以上「知らない」という弁明をしたことは、事実に反する嘘ではないかとの疑問が生じます。また、顧問料を受け取っていながら、顧問就任と顧問料を「関連会社等報告書」に明記して国会に報告していなかったとなると、所得税の確定申告で顧問料を申告していなかった可能性が高く、脱税の疑いが生じます。さらに、もし大臣就任後も企業の顧問に就任し続け顧問料を受け取り続けていたとなると、「営利企業については、報酬を得ると否とにかかわらず、その役職員を兼職してはならない。」と定めている大臣規範（「国務大臣、副大臣及び大臣政務官規範」）に抵触することになりますし、事件は贈収賄事件へと発展する可能性もあります。

西川氏は農水大臣を15年2月23日に辞任しましたが、説明責任を果たしておらず、無責任状態です！

2　森山裕前農水大臣の談合企業からの政治献金受領問題

次は、第3次安倍内閣の森山裕農水大臣（衆院鹿児島5区）の政治資金問題です。まず、森山氏の政党支部が談合企業から政治献金を受け取っていたという問題です。

鹿児島県が発注した工事で、談合などにより受注業者や落札予定価格を決めたとして、公正取引委員会が10年11月、独占禁止法違反で排除措置命令を出し、鹿児島県が指名停止にした企業から、森山大臣が支部長を務める「自民党鹿児島県第5選挙区支部」が政治献金を受けていたことが発覚しました。11年以降14年までにその政治献金額は913万円にのぼっていました。15年12月9日、参議院農水委員会で森山大臣は、10年11月以降、15年10月まで、10社から1112万円の献金を受けたことを明らかにし、「10月19日までに全額返金した」と弁明しました。

また、森山大臣の資金管理団体「森山会」は、12年11月に、国交省発注の工事で指名停止処分を受けている高知県四万十町の建設業者の社長から処分のさなかに100万円の献金を受けていました（「森山農水相　談合企業献金1112万円　紙議員追及　問題発覚後に返還」しんぶん赤旗2015年12月10日）。

問題になった工事が国や地方自治体の発注であれば、それは税金ですから、その工事で談合した企業から政治献金を受け取るのは、これも税金の政治家側への還流になります。森山大臣側が、税金による工事で談合をするような企業から平気で政治献金をもらい、税金を政治資金として還流させ続けているとは、本当に驚きです。

3　西川元大臣・森山前大臣らの違法寄付受領事件

「週刊朝日」（2016年7月8日号、同月15日号）がスクープ報道しました。それによると、栗木鋭三「日本養鶏協会」会長が、今年2月に開かれた「日本養鶏協会」理事会において、「昨年7月に開かれたTPP交渉のハワイ会合へ、自民党TPP交渉派遣議員団に随行しました。それで、『自民党の先生方に、協会としてお世話になるので合計で80万円を渡しました』」と述べるとともに、「議員に渡したカネを自腹で立て替えている」と説明し、「80万円のうち、20万円は私が出します。残りの60万円を理事のみなさんでご負担をしてもらえませんか」と発言したところ、「養鶏協が政治家に現金を手渡したら、下手をしたら贈収賄ですよ。相談もなく栗木会長の独断ですが、ヤバいんじゃないか」と危惧する声が次々とあがり、激しい反発をかったものの、それらを無視し、「自民党の国会議員にはお世話になるから」と、政界工作としての資金の提供を重ねて要請したというのです。

「日本養鶏協会」は、1948年に設立され日本の鶏卵産業の発展を支えてきた歴史である一般社団法人です。栗木鋭三氏は、大手畜産食品メーカーである「クレストグループ」の代表取締役会長であり、15年6月に「日本養鶏協会」の二度目の会長に就任していましたが、今年6月16日、東京・大手町のビルで開かれた同協会の定時総会で、前記の責任を取り、突然辞任を申し出ました。

鶏卵をめぐっては、TPP合意で安価な外国産の輸入が進み、国内業界が打撃を受けるとされていたので、栗木鋭三会長は、TPP交渉において日本が関税撤廃の対象外とするよう求めた「重要5項目など」に含めるよう、政界に働きかけていたものでしょう。

栗木氏が20万円ずつ寄付した自民党議員は、森山裕氏、西川公也氏、宮腰光寛氏、江籐拓氏の4名でした。

森山裕氏は、現自民党所属で鹿児島県5区選出の衆議院議員であり、15年の本件事件当時、自民党の環太平洋経済連携協定（ＴＰＰ）対策委員会の委員長（14年9月29日から15年10月7日まで）で、15年10月7日に任命された農林水産大臣です。西川公也氏は、前述したように、自民党所属で、12年12月の総選挙では栃木県第2区選出で、14年12月の総選挙では比例代表選出の衆議院議員であり、13年には自民党のＴＰＰ対策委員会長を務め、本件事件当時、農林水産大臣でした。

宮腰光寛氏は、自民党所属で富山県2区選出の衆議院議員であり、農林水産副大臣（第3次小泉内閣、第3次小泉改造内閣）と衆議院農林水産常任委員長（第１６８～１６９国会）を務めた経験もあり、本件事件当時、自民党のＴＰＰ対策委員会の委員長代理兼事務総長でした。江藤拓氏は、自民党所属で宮崎県2区選出の衆議院議員で、農林水産副大臣（12年12月～14年9月）や衆議院農林水産委員長（14年9月～12月）を経験し、「ＴＰＰ交渉における国益を守り抜く会」会長（14年10月～）、一般社団法人「日本家畜商協会」会長（15年6月～）、「自民党農林水産戦略調査会」筆頭副会長（15年10月～）も務めています。

◆政治資金規正法の定め

政治資金規正法は、第21条の2第1項で、「何人も、公職の候補者の政治活動（選挙運動を除く。）に関して寄附（金銭等によるものに限るものとし、政治団体に対するものを除く。）をしてはならない。」として「公職の候補者の政治活動に関する寄附の禁止」を定め、また、第22条の2で、「何人も、……第21条の2第1項……に違反してされる寄附を受けてはならない。」として「量的制限等に違反する寄附の受領の禁止」を定めています。そして、同法は、第26条で、「第21条の2第1項……

の規定に違反して寄附をした者」（第1号）も、「第22条の2の規定に違反して寄附を受けた者」（第3号）も、「1年以下の禁錮又は50万円以下の罰金に処する。」と定めています。

◆「公職の候補者の政治活動に関する寄附の禁止」違反

栗木鋭三会長（当時）は、15年7月に開かれたTPP交渉のハワイ会合に、自民党TPP交渉派遣議員団に随行したとき（またはアトランタでのTPP会合に行く前日の15年9月28日、あるいはそのころに議員会館で）、森山裕氏、西川公也氏（当時農水大臣）、宮腰光寛氏、江籐拓氏の計4名の自民党国会議員に、TPP交渉で「お世話になります」と言って、20万円ずつ、合計80万円を渡しました。これは、政治資金規正法の「公職の候補者の政治活動に関する寄附の禁止」に違反したことになります（第21条の2第1項、第26条第1号）。

◆「量的制限等に違反する寄附の受領の禁止」違反

森山裕氏、西川公也氏、宮腰光寛氏、江籐拓氏の4名の国会議員は、2015年7月に開かれたTPP交渉のハワイ会合に（またはアトランタでのTPP会合に行く前日の2015年9月28日、あるいはそのころに議員会館で）、栗木会長（当時）から、TPP交渉で「お世話になります」と言われ、それぞれ20万円の寄付を渡され、それを受領し、政治資金規正法の「量的制限等に違反する寄附の受領の禁止」に違反したことになります（第22条の2、第26条第3号）。

なお、4名は、いずれも、昨15年9月末の各20万円の受領を認めるとともに、「すでに返金した」

旨、マスコミの取材に回答していますが、返金は、その説明を信用したとしても、早くても今年1月または2月であり、これは決して「預り金」とは評しえません。

また、森山裕氏は、「餞別のようなものだ」と認識した旨、マスコミの取材に回答していますので、20万円の寄付が政党支部への寄附ではなく、同人個人への寄付であったと認識していたものであることは明白です。

前記4名の国会議員が、いずれも「返金した」旨、回答しているのは、各自の政党支部の15年分政治資金収支報告書に記載してなかった違法な裏金だったからでしょうが、「返金」しても、本件犯罪の成立の有無に関係ないことは言うまでもありません。

私たちは、以上の政治資金規正法違反で刑事告発するために、7月5日東京地検に告発状を送付しましたが、西川公也議員は事件当時の農水大臣であり、大臣が外国との鶏卵問題に関する交渉に関する職務権限を有しているは明らかであるので、収賄罪の可能性があります。その他の3名の国会議員も各20万円の受領は、TPP交渉における外国との交渉の職務権限がなかったとしても、当時、関税が即時に撤廃されるなど鶏卵業界にとって厳しい大筋妥結内容になったあかつきには、業界の救済のための補助金の交付の更なる拡大の要請の趣旨を含んでいる可能性が高いので、その場合は贈収賄事件へと発展する可能性があります。

4　島尻安伊子前沖縄北方担当大臣への補助金還流事件

島尻安伊子参議院議員（沖縄）は、第2次安倍内閣において内閣府大臣政務官兼復興大臣政務官を務め、15年10月の内閣改造で、沖縄北方担当大臣に任命されました。その島尻大臣の政党支部は、国の補助金を受けている夫の専門学校から政治献金を受けていました。

専門学校運営会社「JSLインターナショナル」（浦添市）は、島尻大臣の夫が理事長を務めているのですが、この専門学校は、毎年留学生支援として、文部科学省傘下の独立行政法人「日本学生支援機構」から補助金を受けているにもかかわらず、島尻大臣が代表を務める「自由民主党沖縄県参議院選挙区第2支部」が13年12月に、その専門学校から300万円の寄付金を受けていたのです。

つまり、補助金を受けている議員・大臣の夫の専門学校が、議員・大臣の政党支部に政治献金していたのです。これは、税金である補助金の一部が事実上政治献金として議員・大臣側に流れたことを意味しています。

前述したように、政治資金規正法は、国から補助金を受けている会社・団体が政治活動に関する寄付（政治献金）することを禁止し、そのような政治献金を受けることも禁止しています（第22条の3第1項・第6項）。

ところが、この制限は限定されていると解されています。その一つが、規制の対象になっている補助金とは「国から直接に交付の決定を受けている場合」であり、「国から直接に交付の決定を受けていない場合」は適用除外で、ここでいう「国」には「特殊法人」などは含まない、というのです。つまり、「国」ではない「特殊法人」が補助金の交付決定をしている場合には、たとえ補助金が政治献金として流されるに至ったとしても、規制の対象外なのです。それゆえ、島尻大臣の夫の専門学校が補助金を受けていながら政治献金をしても、それは政治資金規正法上違法とは言えないのです。

しかし、国会議員とその政治団体の場合、違法行為さえしなければ何でも許されるわけではありません。国民主権および議会制民主主義のもとでは、主権者・国民にその代表者である国会議員は信頼を得ていなければなりませんから、政治的・道義的に問題のある行為をしてはならないのです。

それゆえ、主権者・納税者である国民からすれば、「特殊法人」が交付決定した場合であっても、国会議員の政党支部との関係は本質的には「特別な関係」にあることに変わりはありません、また、「その特別な関係を維持又は強固にすることを目的として不明朗な政治活動に関する寄附」がなされていると疑われても仕方ないのですから、本来、国会議員の政党支部は、そのような法人献金を受けるべきではないのです。

また、これを許容していては、親族が学校経営をしている議員は、補助金を受ける度に寄付を得られることになり、不当な特権になってしまいます。学生のために補助金を受けた学校は法律が禁止していなくても寄付すべきではありません。寄付ができるような学校はその分の補助金を受ける必要はないはずです。これでは、〝政治献金しているから補助金も得られ続けているのではないか〟と国民に疑いをもたれてしまいかねません。

ですから、島尻氏の政党支部は、当該寄付300万円を返還すべきですし、受け取った政治的責任をとって、大臣を辞任すべきです。しかし、島尻大臣は返還も辞任もしないままで済ませています。これは、国会の第1党で政権政党である自民党の国会議員の場合には、政治的・道義的な点で歯止めが効かないことを証明しています。

そうであれば、国会は、税金が政治団体に流れる抜け道を無くし塞ぐために、政治資金規正法を改正するしかありません。

5　馳浩前文科大臣への補助金還流事件

第3次安倍内閣の馳浩文部科学大臣の政治団体が約11億円余の国庫補助金を受けていた企業から合計958万の献金を受けていたことが発覚しました。ただし、交付決定は国だったのか、県だったのかなど、不明な点もあり、政治資金規正法違反と断言できる情報がありません。

しかし、国から補助金がその企業に直接交付されようと、国から県に国庫補助金が交付され、県から交付決定を受けた場合であっても国の税金であることに変わりありません。「疑惑」が報道されると「違法ではないが返金」したとして、うやむやにする国会議員、大臣がいますが、このような態度は許せません。

◆公開質問状

そこで、「政治資金オンブズマン」は、どのような国の補助金であったのか、きちんとと説明責任をはたしてもらうために、「自由民主党石川県第1選挙区支部」代表の馳浩大臣に対し、今年1月13日

「自由民主党石川県第1選挙区支部」代表の馳浩大臣に対する公開質問状

公　開　質　問　状

私たちは、政党や国会議員の政治資金収支報告書などから政治家のカネ問題を調査している市民団体です。

貴殿が代表をしている自由民主党石川県第1選挙区支部の政治資金収支報告書を調査していたところ、2011年（平成23年）から2014年（平成26年）の4年間に渋谷工業株式会社（本店　石川県金沢市大豆田本町甲58、東証1部上場）から合計金958万円の寄附を自由民主党石川県第1選挙区支部が受けていました。

具体的には、2011年金60万円、2012年金66万円、2013年金166万円、2014年金666万円の合計958万円で自由民主党石川県第1選挙区支部での企業献金の中では断トツに多く寄附を受けていました（渋谷工業株式会社の社長個人からも2014年に100万円の寄附もあります）。

渋谷工業株式会社の連結会社等の寄付金を含めると合計1060万円になります。

他方、渋谷工業株式会社の有価証券報告書による「国庫補助金」を見ると、

・2010年7月1日から2011年6月30日の間に金7億1500万円、
・2011年7月1日から2012年6月30日の間に金1億1400万円、
・2012年7月1日から2013年6月30日の間に金1億1400万円、
・2013年度は0
・2014年7月1日から2015年6月30日の間に金1億2600万円（連結会社全体では2億400万円）、

合計10億6900万円（連結会社を含めると11億4700万円）に達しています。

政治資金規正法第22条の3には国庫補助金を受けている企業からの政治献金を一定程度禁止しています。

貴殿は昨年10月にこの問題をマスコミから取材を受けて、石川県の交付決定であり違法ではないが、後援会の会長の会社でもあるので、2014年10月15日に渋谷工業株式会社に232万円（2012年と2013年の寄付の合計額）を「返金」したと報道されています。

国庫補助金を受けている企業からの政治献金が政治資金規正法第22条の3の条文に違反するかどうかを問わず、一部を「返金」したとは言え、一度は国の税金が国会議員の政治団体に還流している事実は残りますし、現時点でも上

記232万円以外の寄付726万円が未返金のままであれば国の税金が国会議員の政治団体に還流したままということになります。このような立場から貴殿に対して次の点の質問をさせて頂きます。

第1　渋谷工業株式会社の「国庫補助金」とは、どの省庁の、どのような名称の補助金を、石川県において、いつ、いくら、渋谷工業株式会社に交付決定をしたのかを明らかにして頂きたくお願いします。なお2014年度の連結会社に交付された1億2600万についても同様の内容を明らかにされたく要請します。この会社からの寄附金も返金されたのでしょうか。
第2　この5年間に国庫補助金が合計11億円を超えることに関して貴殿及び貴殿の秘書などが、国の省庁、石川県の渋谷工業株式会社への交付決定に際していわゆる口利きなどを行ったかどうかその有無について明らかにして頂きたく同時にお願いします
第3　昨2015年10月にマスコミの取材を受けた時点で、なぜ、自由民主党石川県第1選挙区支部が2012年と2013年に受けた渋谷工業株式会社からの寄付の合計額232万円だけを返金し、2011年に受けた同社の寄付60万円と2014年に受けた同社の寄付666万円（計726万円）を返金されなかったのか、その理由のご説明をお願いします（返金理由が後援会の会長の会社からの寄付だから、ということであれば、2011年と2014年の両寄付も返金しなければ辻褄が合わないからです）。
　2014年に渋谷工業株式会社の社長個人からの寄付100万円の未返金理由についても同様にご回答をお願いします。
　もし上記マスコミ取材後に返金された場合には、その日にちと金額のご回答をお願いします。
第4　昨2015年、自由民主党石川県第1選挙区支部は、渋谷工業株式会社から寄付を受けておられましたでしょうか。もし受けておられた場合、その日にちと金額、上記マスコミ取材を受けた時点で未返金の理由についてのご説明をお願いします。上記マスコミ取材後に返金された場合。その日付と金額のご回答もお願いします。

　お忙しいところ恐縮ですが、寄付の一部を「返金」したととは言え、ことは巨額の国からの補助金を受けている企業からの寄附金に関する重大な問題でありますので本書面到達後2周間以内に文書で回答されたくお願いします。なお渋谷工業株式会社にも同様の質問をさせて頂いています。

回答書(公開質問状)

冠省　貴殿からの平成28年1月13日付公開質問状に対し下記のとおり回答します。

記

1(質問事項第1及び第3)

ご質問の会社からの政治活動に関する寄付につきましては、すでに記者会見などで説明しているところであり、ご指摘の会社が一定の補助金の交付決定を受けた日から一定の期間の政治活動に関する寄付については誤解を招かぬように返金をしております。

なお、補助金の交付決定の有無及び内容などは政治寄付を受けた当時全く知りませんでした。今回の一連の報道で知りました。なお、補助金の内容などの詳細はご指摘の会社にご確認下さい。

2(質問事項第2)

当然のことながら「口利き」などありません。

3(質問事項第4)

平成28年に公表される平成27年分の収支報告の要旨をご覧下さい。

付で、この問題に関して公開質問状を出しました。

また、補助金を受け、政治献金していた企業（渋谷工業株式会社）には、「政治資金オンブズマン」と「株主オンブズマン」が同日付で質問状を出しました。

「衆議院議員馳浩事務所」から、1月27日付で「回答書」が届きました。しかし、説明責任を十分に果たそうという回答とは到底いえそうにありません。

6　安倍晋三首相の補助金還流政治献金受領問題、「大臣規範」抵触の政治資金パーティー、セコイ支出

(1) 補助金還流政治献金受領問題

安倍晋三首相についても、補助金の決定が決まった企業から政治献金を受領していたことが、15年3月に発覚しました。

具体的には、①安倍晋三首相が代表を務める「自民党山口県第4選挙区支部」が、経済産業省中小企業庁の補助金約1000万円の交付(12年6月20日)が決まった大阪市中央区の化学製品卸会社「東西化学産業」から1年以内の12年9月20日に12万円の寄付を受けていた。②経済産業省の補助金金約3100万円の交付(13年4月)が決定していた東証1部上場の化学メーカー「宇部興産」からも13年12月20日に50万円の寄付を受けていた(「首相にも補助金企業が寄付　化学関連2社、計62万円」共同通信2015年3月3日0時4分、「安倍首相側に寄付62万円　補助金交付の2企業」朝日新聞同年同月同日12時)。この2社からの政治献金は、新たに11年以降に計112万円の寄付を受けていました。2社からの寄付は少なくとも計174万円となりました(「12万円の寄付、新たに判

明　首相、献金受領認める」共同通信2015年3月3日13時24分)。

また、③大手広告代理店「電通」から10万円の寄付を受けていました(「安倍首相・岡田代表の政党支部 補助金支給企業などから献金」NHK2015年3月3日18時5分)。

さらに、④自民党山口県第4選挙区支部は、環境省の補助金決定(10年8月)を受けた洗剤メーカー「サラヤ」(大阪市)から10年から11年にかけて計30万円、⑤国土交通省のから補助金決定(13年1月)を受けた「オリオンビール」(沖縄県浦添市)から同年に6万円の献金を受けていました(「安倍首相に献金、別の2社も=補助金交付企業―総額220万円に」時事通信2015年3月4日11時57分)。

以上の政治献金の合計額は220万円になります。

安倍首相らは、「献金を受けたのは事実だ。国からの補助金は知らなかった」とか「今回指摘された企業からも『補助金は収益性を伴わないものだ』と、明確に私の事務所に伝えられているものもある」などと弁明しました。安倍首相は、税金が政治資金の形で政党支部に還流しているという問題点について全く鈍感なようです。

(2)「大臣規範」抵触の政治資金パーティー収入

01年に閣議決定された大臣規範(国務大臣、副大臣及び大臣政務官規範)は、「政治資金の調達を目的とするパーティーで、国民の疑惑を招きかねないような大規模なものの開催は自粛する」と定めています。

しかし、安倍晋三首相ら第2次安倍内閣の閣僚7人が13年、1回の収入が1000万円を上回る政治資金パーティーを開いていました。そのうち、安倍氏の資金管理団体「晋和会」は、13年7～12月に都内のホテルで「後援会朝食会」を6回開催し、そのうち5回の収入が1000万円を超えており、会費を払った参加者は192～420人で、計7594万円を集めていました（「安倍首相ら7人、1000万円超集金＝第2次内閣、パーティーで―政治資金」時事通信2014年11月28日17時27分）。

また、安倍晋三首相、麻生太郎財務相、岸田文雄外相、甘利明経済再生担当相の資金管理団体4団体が14年の1年間に収入が1000万円以上の大規模な政治資金パーティーを計10回開き、計2億2673万円を集めていました。そのうち、安倍首相が代表に就く「晋和会」（東京都）は3回で計6196万円でした（「政治資金パーティー　荒稼ぎか、おもてなしか　14年258件　平均利益率82・2％」毎日新聞2015年11月29日東京朝刊）。

ここでは特に安倍首相の資金管理団体「晋和会」の11年～14年の政治資金集めのパーティーの収入と支出を紹介しておきましょう。

安倍首相の政治資金「晋和会」の政治資金パーティー収入は、11年と12年は、年間で1億円を超え、パーティー支出を控除した収益の収入に対する割合（収益率）は、11年で86％、12年で約90％もありました。13年と14年のパーティー収入は1億円を割り込んでいるものの、収益率はいずれも90％を超えており、9件のうち8件の収入が1000万円を超えており、超えていない1件の収入

「晋和会」(安倍晋三) 政治資金パーティー収支

	2011年安倍晋三後援会政経セミナー					
	パーティー収入				会場費等の支出	収益率
	金額	支払者数	日付	会場	金額	
	674万3030円	479人	2011年3月2日	リーガロイヤルホテル広島	345万5672円	47.8%
	3016万0790円	502人	2011年5月16日	ANAインターコンチネンタルホテル東京	317万1935円	89.5%
	1440万0000円	702人	2011年6月2日	グランド・ハイアット・福岡	222万8982円	84.5%
	65万0000円	65人	2011年7月13日	名鉄ニューグランドホテル	37万3120円	42.6%
	2963万9475円	536人	2011年10月7日	ANAインターコンチネンタルホテル東京	345万5856円	88.3%
	1222万0000円	575人	2011年11月4日	シェラトン都ホテル大阪	352万0840円	71.2%
	2941万9790円	620人	2011年12月21日	ANAインターコンチネンタルホテル東京	420万9144円	85.7%
計	1億2323万3085円				1688万9693円	86.3%

	2012年安倍晋三後援会政経セミナー					
	パーティー収入				会場費等の支出	収益率
	金額	支払者数	日付		金額	
	3394万0000円	594人	2012年4月25日	ANAインターコンチネンタルホテル東京	420万6620円	87.6%
	3379万3950円	601人	2012年7月31日	ANAインターコンチネンタルホテル東京	371万4065円	89.0%
	4183万0000円	790人	2012年11月5日	ANAインターコンチネンタルホテル東京	364万3460円	91.3%
計	1億0956万3950円				1156万4145円	89.4%

	2013年安倍晋三後援会朝食会					
	パーティー収入				会場費等の支出	収益率
	金額	支払者数	日付		金額	
	2341万9895円	420人	2013年7月5日	ANAインターコンチネンタルホテル東京	201万2790円	91.4%
	1270万0000円	276人	2013年8月29日	ANAインターコンチネンタルホテル東京	135万9204円	89.3%
	986万0000円	287人	2013年9月30日	ANAインターコンチネンタルホテル東京	157万3648円	84.0%
	1231万0000円	255人	2013年10月22日	ANAインターコンチネンタルホテル東京	127万6112円	89.9%
	1203万0000円	192人	2013年11月14日	ANAインターコンチネンタルホテル東京	101万1790円	91.6%
	1549万0000円	271人	2013年12月12日	ANAインターコンチネンタルホテル東京	138万5530円	91.1%
計	8580万9895円				861万9074円	90.0%

	2014年安倍晋三後援会政経セミナー					
	パーティー収入				会場費等の支出	収益率
	金額	支払者数	日付		金額	
	2210万0000円	363人	2014年5月20日	ANAインターコンチネンタルホテル東京	179万0006円	91.9%
	2112万0000円	418人	2014年9月10日	ANAインターコンチネンタルホテル東京	200万3652円	90.5%
	1874万0000円	341人	2014年10月31日	ANAインターコンチネンタルホテル東京	165万8112円	91.2%
計	6196万0000円				545万1770円	91.2%

も986万円もありました。

大臣規範では、自粛すべきパーティーの明確な基準は示されていませんが、政治資金規正法は1000万円以上を集めるものを「特定パーティー」と規定し、開催日や場所などを報告書に記載するよう義務づけています（第12条第1項第1号）ので、1回のパーティーで1000万円以上の政治資金を集めた場合や年間で（複数回で）1000万円以上の政治資金を集めた場合には、明らかに「疑惑を招きかねない大規模なパーティー」ですし、1000万円未満でも収益率の高い何百万円も集める政治資金パーティーは、実質的には政治献金と同じですから、大臣規範に違反するものと考えるべきです。

（3）セコイ支出、不適切な支出…虚偽記載または不記載の可能性も

◆キャバクラ代などの「飲食代」支出

自民党の安倍晋三総裁が支部長を務める「自由民主党山口県第4選挙区支部」は、朝日新聞が山口県選挙管理員会に出された政治資金収支報告書と、情報公開請求で入手した領収書の写しによると、09年1月～10年12月、安倍首相の地元の下関市のほか、福岡市や北九州市のクラブやキャバクラ、ラウンジ、スナックなど29店に計49回、飲食代として108万5150円を政治資金から支出していました（「自民・安倍総裁の政党支部、政治資金からキャバクラ代」朝日新聞2012年10月9日15時6分）。

朝日新聞の取材に、同支部の会計責任者は「政党活動に必要な情報収集、意見交換を行う中で、マスコミの取材活動同様に関係者に応じてさまざまなシチュエーションが必要なことから飲食を含む支出も含んでいる。政治資金規正法の趣旨にてらして適正に処理している」と強弁し、同支部は「支部長本人は一切参加しておらず、秘書及び政党支部関係者の支出」と説明したうえで「党総裁の支部として誤解を招くことがあってはならない」として、秘書らが自主的判断で政党支部に全額を返金したそうです。

同報道によると、同支部は09年～10年、自民党本部から交付金4000万円を受け取り、そのうち2950万円が政党交付金（税金）だということなので、カネに色がついていない以上、前記の支出は、実質的には税金で賄われたに等しいことになります。

舛添前都知事よりもセコイ、不適切な支出ですが、キャバクラで情報収集するはずがないので、政治活動と説明できなければ政治資金規正法違反の虚偽記載罪になる可能性があります（第25条第1項第2号）。

◆「コンパニオン代」の支出

これに類する支出は、12年の「安倍晋三後援会」（代表・配川博之）でもあり、同年分の政治資金収支報告書の「政治活動費」の支出欄には、「大会費」として、同年2月6日に「コンパニオン代」8万4000円を「マインド・プランニング」（下関市稗田中町）に支出したと記載されています。「安倍晋三後援会」は、自由民主党本部から政党交付金（税金）を受け取っている「自由民主党山口県第四選挙区支部」（代表・安倍晋三）から、前年（11年）に計40万円を、同年（12年）に計145万円の「寄附」を受領しているので、「コンパニオン代」は、事実上税金から支出されたに等しいことになります。

これが政治活動費として必要な支出であったとはいえないでしょうから、政治資金規正法違反の虚偽記載罪になる可能性があります（第25条第1項第2号）。

◆「赤城ガリガリ君コーンポタージュ」などへの支出

また、「日刊ゲンダイ」が、安倍首相の資金管理団体「晋和会」の1万円以下の支出に関わる「少額領収書」を開示請求したところによると、12年9月5日12時44分に「セブンイレブン衆議院第1議員会館店」が発行した領収書には「ユンケル」のほかに「赤城ガリガリ君コーンポタージュ×2　¥252」が明記されていたそうです。

12年分政治資金収支報告書の「事務所費」には12月2日に東京・渋谷のラーメン店「油そば東京油組総本店」への支出を計上しており、領収書の金額は、油そば1人前に「スペシャルトッピングA（ねぎゴマに半熟たまご）」を追加した料金（増税前）と一致するそうです。

同年分の5月11日午後1時57分の領収書には、蕎麦居酒屋「土風炉　西新宿一丁目店」が「1名」に「ピリ辛野菜と蒸し鶏そば850円　大盛200円」と記されているそうです。

そのほか、1人前のコンビニ弁当やヨーグルト1個、議員会館内の「タリーズ」で1人前のパスタとデザートアイス……と一般企業では絶対に経費として認められない出費が、事務所費としてゾロゾロと処理されており、このような支出を事務所費の「その他の支出」に計上しており、10〜12年分の政治資金収支報告書によると、3年間の総額は306万7034円に上ると報じました（「「少額領収書」安倍政権徹底追及　安倍首相〝神の水〟に続き「ガリガリ君」まで事務所費に計上」日刊ゲンダイ2015年1月20日）。

本来、政治団体の「事務所費」と言えるのは、家賃、電話代、清掃代、切手購入費、修繕費、火災保険料に類する支出であり、来客用の菓子やコーヒー代がギリギリセーフでしょうが、事務所スタッフのランチ代やおやつ代はスタッフ本人や雇っている政治家がポケットマネーで払うべきですから、安倍事務所の金銭感覚はあまりに非常識ですし、政治活動のためでなければ政治資金規正法違反の虚偽記載罪になる可能性があります。いかなる理由で非常識な支出を事務所費に計上したのか。安倍首相は説明責任を果たすべきですが、いまだに果たされてはいないようです。

◆地球13周のガソリン代の支出

さらに、安倍首相が代表を務める「自由民主党山口県第4選挙区支部」の11年〜14年分政治資金収支報告書に記載された「ガソリン代」は、11年分は591万7362円で、単純計算で「地球13周分に相当」し、距離にして約54万キロに及び、衆議院総選挙のあった12年分は573万2858円、13年は554万6613円、14年も499万6215円だったと「日刊ゲンダイ」が報道しました（「これこそ不可解…安倍首相のガソリン代は『地球13周分』」日刊ゲンダイ2016年4月6日）。

果たして、このような高額なガソリン代を支出したというのは、真実なのでしょうか？

真実でなければ、政治資金規正法違反の虚偽記載罪になる可能性があります。安倍首相は、これについても、明確に説明する責任がありますが、いまだに説明責任を果たしてない状態です。

◆事務所の賃料問題

安倍晋三首相の資金管理団体「晋和会」は、事務所費の支出はありますが、事務所の賃料（家賃）の支出がありません。この事務所の所在地が「議員会館」なので、その支出がないのは当然です。議員会館は国の所有だからです。ところがそうなると、「晋和会」は賃料分の金銭によらない寄付（無償提供）を受けたことになりますが、「晋和会」の政治資金収支報告書には、収入として、その旨の記載はありません。これは、政治資金規正法の不記載罪に違反することになります（第25条第1項第2号）。

さらに言えば、国は、議員会館を政治団体の事務所に無償提供することを了承しているとは思えません。了承していないのであれば、国の了承なく勝手に議員会館を政治団体の事務所にし、使用していることになります。この問題は、実は、安倍首相の資金管理団体だけの問題ではありません。他の大臣・自民党議員でも同様の不法使用を行っている者が少なくありませんし、野党の議員にもいます。

国が了承していないのであれば、このような不法使用を黙認し続けるのでしょうか？

7　高市早苗総務大臣の政治資金規正法違反事件

◆権力に擦り寄る節操のない「渡り鳥」議員

高市早苗氏は、1990年、第16回参議院議員通常選挙に奈良県選挙区から無所属として出馬しましたが、落選しました。93年、第40回衆議院議員総選挙に奈良県全県区から「無所属」で出馬し、初当選しました。94年、政策集団「リベラルズ」に参加し、「リベラルズ」を母体に「自由党」(党首・柿澤弘治)が結党され、与党入りしましたが、同年7月、自由党を離党し「自由改革連合」(代表・海部俊樹)を結成し、同年末に新進党に合流しました。「政治改革」により衆議院の選挙制度は小選挙区比例代表並立制に改められ、96年の第41回衆議院総選挙では、小選挙区選挙で奈良1区から「新進党」公認で出馬し、再選されました。しかし、11月5日に「新進党」を離党し、12月27日には自由民主党に入党しました。

2000年の第42回衆議院議員総選挙では比例近畿ブロック単独で出馬し、3選となりました。02年、第1次小泉改造内閣で経済産業副大臣に就任しました。03年の第43回衆議院議員総選挙では奈良1区で立候補しましたが落選し、比例代表選挙でも落選しました。04年、山本拓議員と結婚し、近畿大学経済学部教授に就任しました。

高市早苗こと山本早苗氏は、05年の第44回衆議院議員総選挙では、奈良2区に国替し、国政に復帰しました。06年、第1次安倍内閣で内閣府特命担当大臣(沖縄及び北方対策・科学技術政策・少子化対策・男女共同参画・食品安全）に就任し、初入閣しました。08年8月、福田康夫改造内閣で経済産業副大臣に就任しました。09年の第45回衆議院議員総選挙では奈良2区で落選しましたが、比例近畿ブロックで当選し5選を果たし、麻生内閣で経済産業副大臣に就任しました。12年12月の第46回衆議院議員総選挙で6選し、第55代自民党政務調査会長に就任しました。14年9月3日に発足した第2次安倍改造内閣で総務大臣に就任し、同年12月の第47回衆議院議員総選挙で7選となり、12月24日に発足した第3次安倍内閣で総務大臣に再任されました。今年8月3日の第3次安倍再改造内閣では留任されました。

山本早苗氏は「自由民主党奈良県第2選挙区支部」（「第2選挙区支部」）および資金管理団体「新時代政策研究会」（新時代政策研）の代表です。

◆受領寄付440万円の不記載とその「闇ガネ」支出（2012年）

「自由民主党奈良県支部連合会」（代表・奥野信亮）の12年分政治資金収支報告書の支出欄に、「自由民主党奈良県第2選挙区支部」（以下「第2選挙区支部」という。代表・高市早苗）に対し同年8月21日に440万円を「交付金」として寄付した旨の記載があります。

しかし一方、「第2選挙区支部」の同年分政治資金収支報告書には、「県支部連」からの寄付の受領については一切記載されてはいません。

「県支部連」の報告書通りであれば、「第2選挙区支部」は、受領した寄付金440万円を記載しなかっただけではなく、それを収入に含めて記載していない以上その分の支出についても一切記載してはいないことになります。つまり、受領寄付440万円は、支出先や支出内容を公表できない、言わば「闇ガネ」として支出したとしか考えられません（さもなければ、ポケットマネーになっていることになります）。これは、政治資金規正法の不記載罪に違反したことになります（第25条第1項第2号）。

◆受領寄付435万円の不記載とその「闇ガネ」支出（2013年）

「県支部連」（代表・奥野信亮）の13年分政治資金収支報告書の支出欄には、「第2選挙区支部」に対し同年6月12日に435万円を「交付金」として寄付した旨の記載があります。しかし一方、「第2選挙区支部」の同年分政治資金収支報告書には、「県支部連」からの寄付の受領については一切記載されてはいません。

「県支部連」の報告書通りであれば、「第2選挙区支部」は、受領した寄付金435万円を記載しなかっただけではなく、それを収入に含めて記載していない以上、その分の支出についても一切記載してはいないことになります。つまり、受領寄付435万円は、支出先や支出内容を公表できない、言わば「闇ガネ」として支出したとしか考えられません。

13年には第23回参議院議員通常選挙が7月4日に公示され、同月21日に投開票が実施されましたが、「第2選挙区支部」はその直前に「県支部連」から435万円を受領し、同選挙における闇ガネとして支出した可能性がありますし、同選挙以外であっても政治における闇ガネとして支出された可能性もあります（さもなければ、ポケットマネーになっていることでしょう）。これは、いずれにせよ、政治資金規正法の不記載罪に違反したことになります（第25条第1項第2号）。

第5章

下村博文元大臣と加藤勝信大臣らの無届け政治団体問題

1　下村博文元文科大臣の無届け「〇〇博友会」事件

◆「週刊文春」の連続スクープ報道と刑事告発

昨15年2月26日に発売された「週刊文春」(同年3月5日号)は、〝安倍晋三首相のお友達中のお友達〟の一人で、道徳教育の重要性を主張する右翼的政治家の下村博文衆議院議員(当時、文部科学大臣)の政治活動を支援する塾業界の複数の後援団体が、全国に複数存在し長年、政治資金を集め支出し、下村議員の講演会やパーティーを定期的に開いていたにもかかわらず、東京の後援団体(「博友会」)を除き、各地の選挙管理委員会にも総務大臣にも「政治団体としての届出」を行っていなかったこと等をスクープ報道しました。

下村大臣(当時、以下同じ)は、「全国各地の博友会は、塾の経営者など有志で構成する任意団体であり、運営に下村事務所は一切タッチしていない。また、講演料やお車代はいただいていない」と答弁しましたが、翌週発売の「週刊文春」(15年3月12日号)は、ある地方の博友会幹部が、「私が講演料として10万円を下村先生本人に渡しました。また、お車代をご本人に渡したこともあります」との証言を紹介し、再びスクープ報道しました。「週刊文春」の追及報道は、その後も続きました。

政治団体が「政治団体としての届出」をしないまま政治資金の受け取り、支出することは、政治資金規正法に違反しますし、下村大臣側も知った上で違法行為が行われたとしか考えられません。そこで、私を含む全国の研究者24名は、同年3月24日、下村大臣らを刑事告発するために東京地検特捜部に告発状を送付しました。下村氏は、同年10月7日内閣改造に伴い大臣を退任しましたが、衆議院議員を辞職してはいません。

◆各地の「博友会」は政治団体！

政治資金規正法は、「特定の公職の候補者を推薦し、支持」することを「本来の目的とする団体」または「特定の公職の候補者を推薦し、支持」することを「主たる活動として組織的かつ継続的に行う団体」等を「政治団体」と定義しています（第3条第1項）。

私は、A3サイズの用紙1枚の裏表両面に印刷された冊子を入手しました。表面の左のページの真ん中には、青系統の背景に白字で「博友会」と書かれ、その下には、「博友会（東京）」が明記され、その下に「全国博友会支部」として「東北博友会（仙台）」「群馬博友会（高崎）」「中部博友会（名古屋）」「近畿博友会（大阪）」「中四国博友会（広島）」「九州・沖縄博友会（福岡）」が明記されています。

「博友会（東京）」は政治団体として届出がなされ政治資金収支報告書を提出しているし、「東北博友会（仙台）」から「九州・沖縄博友会（福岡）」までの6団体を「全国博友会支部」と明記しているのですから、当該6団体は、政治団体として位置づけられていることが推測できます。

また、「中四国博友会　規約（抜粋）」（インターネットで公開されていましたが、「週刊文春」の報道後、閉鎖されています）によると、「本会は中四国博友会と称し」（第1条）、「本会は、下村博文氏の政治活動を支援することを目的とする。」（第2条）、「本会は、前条の目的を達成するため」「講演会、座談会等の開催」などの「事業を行う」（第3条第1号）、「本会は、第2条の目的に賛同し、入会申込書を提出した者をもって会員とする」（第4条）と明記されています。

また、前述の冊子の裏面左下に掲載されている「近畿博友会規約（抜粋）」も、「本会は、下村博文氏の政治活動を支援することを目的とする。」（第2条）などと明記しているのですが、特に注目すべきは、「本会は、第2条の目的に賛同し、入会申込書を提出した者をもって会員とする。なお、会費は年払いとし、『自由民主党東京都第11選挙区支部　下村博文』宛てに振り込むものとする。」（第4条）と明記されていることです。

任意団体であれば、自己の年会費の支払い先を政党支部に指定することはありえません。「近畿博友会」は「下村博文氏の政治活動を支援することを目的とする」以上、任意団体であるはずはなく、政治資金規正法上の「政治団体」以外の何ものでもありません。

◆下村大臣側も知っているはず

ところで、「会費」と「寄付」は法的に異なります。政治資金規正法第4条によると、「党費又は会費」とは、「いかなる名称をもってするを問わず、政治団体の党則、規約その他これらに相当するものに基づく金銭上の債務の履行として当該政治団体の構成員が負担するもの」と定義し（第2項）、「寄附」とは、「金銭、物品その他の財産上の利益の供与又は交付で、党費又は会費その他債務の履行としてされるもの以外のもの」と定義しています（第3項）。

つまり、「会費」は会員に支払い義務がありますので、未払者には支払いの督促ができますが、「寄附」は支払い義務がありませんので、支払いの督促はできません。

「近畿博友会」が自己の年会費の振込先を「『自由民主党東京都第11選挙区支部　下村博文』宛て」にするということは、そのことを下村大臣または下村事務所に伝えておくことが必要になります。「近畿博友会」にとっては、「自由民主党東京都第11選挙区支部」の口座に振り込まれたカネが「近畿博友会の会費」なのか、同支部への「寄附」なのか、同支部に区別してもらう必要があるからです。そうしなければ、「近畿博友会」は自己の年会費の支払い状況を把握できなくなってしまうからです。

また、「自由民主党東京都第11選挙区支部」も、自己の口座に近畿博友会の年会費の振込がなされることを了承し、会員の氏名と年会費などの情報を提供してもらう必要があります。「近畿博友会」の政治資金（年会費）を自己への寄付として処理し政治資金収支報告書に記載するということは許されないからです。

ですから、「近畿博友会」がその年会費の振込先を「『自由民主党東京都第11選挙区支部　下村博文』宛て」にし、年会費を受け取っているという仕組みについて、下村大臣または下村事務所が知らないということは通常ありえないことなのです。

民主党の議員は3月27日の衆議院文部科学委員会で「近畿博友会」の「規約」について下村博文文部科学大臣に対し問いただしたところ、下村大臣は「初めて見た」と答弁したようですが、この答弁は真っ赤な嘘であると言わざるを得ません。

◆本人以外の名義での寄附と虚偽記載

「東北博友会」など各地の「博友会」は、講演料あるいはまた宿泊代や車代を支払い、パーティー開催費のほか、「自由民主党東京都第11選挙区支部」（以下「第11選挙区支部」という）への寄附（政治献金）を行っていました。

たとえば「週刊文春」（15年3月5日号）は、「前会長時代は、年会費を集めても〝縛り〟があって、すべて下村大臣の事務所に渡さなければいけなかったのですが、私が会長になってからは年会費を自分たちの会の運営費用として使えるようになりました」「年会費として集めたお金は、東北博友会として毎年きちんと献金を行ってきた」という証言を紹介しています。

ところが、「第11選挙区支部」の政治資金収支報告書には、「東北博友会」など各地の「博友会」からの寄附があったとは全く記載されていません。むしろ、これらの政治団体は、自己の名義ではなく、その会員名義の寄附として「第11選挙区支部」に支払っており、同支部側も、当該寄附が真実はそれらの政治団体からの寄附であると知りながら、あえてそれら政治団体以外の個人（各政治団体会員）からの寄附として受領しているからこそ、「第11選挙区支部」の政治資金収支報告書には、それらの政治団体からの寄附という記載をせず、個人（各政治団体会員）からの寄附と記載してきたのです。

「週刊文春」（15年3月5日号）は、「九州・沖縄博友会」の会員である学校法人の理事長が「九州・沖縄博友会」の年会費6万円を「九州・沖縄博友会」に支払ったにもかかわらず、その領収書は、「九州・沖縄博友会」から送られたのではなく、「第11選挙区支部」が領収したものとして同支部から送られ、「領収書の但し書きには〈年会費として〉と書かれている」と紹介するとともに、13年分の「第

11選挙区支部」の政治資金収支報告書には事実に反し当該理事長個人が6万円の「寄附」をしたと記載していると紹介しています。

また、下村大臣は、国会で、外国人が代表を務める企業などから「第11選挙区支部」が計96万円の寄付を受けたものの返金したと説明しましたが、共同通信配信記事（「文科相、任意団体で資金集めか　認識ないまま政党支部献金」2015年2月26日23時38分）は、計96万円のうち60万円を返金された大阪府の学習塾経営会社の幹部は、「近畿博友会」の会費などの支出記録はあるが「政党支部に献金した認識はない」との証言を紹介しています。

さらに「中部博友会」に所属し経営している女性が3月5日名古屋市で会見し、「会費のつもりで払うと、同額を献金していたことになっていた。献金したつもりはない」と証言し、学習塾名義で、12年に4万8000円、13年に3万円を献金したことになっていたと説明しました。

これらは氷山の一角でしょう。下村大臣は3月6日に衆議院予算委員会で、「第11選挙区支部」が14年に、「年会費」名目で領収書を出したケースが同年9月までに81件、計約600万円分あった、と説明しました。これは全て本人以外の名義の寄付である可能性が高いようです。

下村大臣は、その説明の際に、「新しい経理担当者が先方の要望を受けて（一度だけ）年会費と記載し、その後も続けていた」と弁明していますが、これは、政治団体である各地方の「博友会」会員が各「博友会」に対し「年会費」を支払ったにもかかわらず、「第11選挙区支部」の領収書には「寄付」として明記されていたので当該会員が事実と異なると指摘したために、領収書には「寄付」と明記しながらも、その但し書きに〈年会費として〉と書かれることになったものでしょう。言い換えれば、政治団体の会員が「年会費」を支払っており、各政治団体がそれを「第11選挙区支部」に寄付したにもかかわらず、各政治団体の寄附ではなく、個人（各政治団体の会員）の寄付として処理し続けてきたのでしょう。

下村大臣、その秘書官らが主催し参加した2月13日の会合「全国博友会幹事会」で配布された「ご協力状況」によると、政治団体として届出されている「博友会」とその届出がなされていない地方「博友会」の12年、13年、14年の「年会費納入状況（件）」・「全国合同博友会パーティー（枚）」・「清和研パーティ（枚）」が明記され、それぞれ集計されているし、また、同様に配布された「年会費納入一覧表」によると、それらの各「博友会」の年会費、件数、納入総額およびその合計額1179万8000円が明記されています。

このうち「年会費」は、実際には各地の「博友会」からの寄付でしょう。しかし、「第11選挙区支部」の政治資金収支報告書には、個人寄付と虚偽の記載がなされているのです。

◆下村博文らが首謀者ではないか！

東京の「博友会」（代表・井上智治）は、政治団体としての届出をし、政治資金収支報告書を提出していますが、それ以外の少なくとも六つの各地「博友会」（「東北博友会」・「群馬博友会」・「中部博友会」・「近畿博友会」・「中四国博友会」・「九州・沖縄博友会」）は、各地の都府県選挙管理委員会にも総務大臣にも政治団体としての届出を行わないまま政治資金を集め支出しておきながら毎年の政治資金収支報告書をどこにも提出していませんし、また、全国各地のそれらの政治団体が「自由民主党東京都第11選挙区支部」に寄付しながら、「自由民主党東京都第11選挙区支部」はそれを同支部への個人（各政治団体会員）の寄付として処理していたようなのです。

これらについては、下村事務所の指導に基づき組織的に行わなければ実行できないものです。

このことについては、各地の「博友会」の会費の支払いであるにもかかわらず、その領収書には、「自由民主党東京都第11選挙区支部」への寄付と明記され、その領収書の但し書きに「年会費として」と書かれていること、また、たとえば２００７年３月10日開催および11月24日開催の「平成19年度博友会　ｉｎ大阪」では、いずれも連絡先として「中四国博友会」事務局だけではなく下村大臣の国会事務所および板橋事務所も明記されていることが、それを裏付けています。

◆複数の証言

「中部博友会」に所属し塾を経営している女性は、３月５日に名古屋市で会見した際、〝下村氏の事務所から支払い要求文書が毎年送られ、指定口座に送金すると「年会費」と書かれた領収書が送られてきた〟旨説明すると同時に、２月14日に被告発人下村博文の秘書官からマスコミの取材に応じないよう「口止めメール」が届いたと公表しました。

これらは、下村大臣の指示によるものでしょう。

特に、下村大臣の秘書官である榮友里子氏からのメールには、「大臣より、取材の要請が来ても応じる事無く、無視でお願いと申しております。大臣になりますと、あらゆる疑いをかけられ、ないことを書かれますので、取り合わないようお願い致します」と明記されているからです。

「週刊文春」（15年3月12日号）によると、「口止めメール」の前日・2月13日、全国各地の博友会の会長や事務局長が文科省大臣室に集い、下村大臣とマスコミの取材への対応を話し合った会合「全国博友会幹事会」を開き、さらに、大臣室を後にした一行は東京・四ツ谷の閑静な住宅街にある一軒家のフレンチレストラン『オテル・ドゥ・ミクニ』へと向かい、6時半からフルコースを堪能しながら歓談したことを紹介していますが、その出席者の1人の証言を紹介しています。

「年に一度行なわれる全国の博友会幹部会合の参加者は榮秘書が人選します。もちろん下村大臣と榮秘書も出席し、例年約20名が集まります。値段は1人1万円強だと思いますが、支払いは下村事務所です。この日は、まず大臣室で、下村大臣と榮氏から『週刊文春』への取材拒否を徹底するよう話がありました。

もちろん下村大臣も、任意団体のままの博友会では政治資金規正法に引っ掛かることは百も承知しています。そこで、今年から地方の博友会は（政治団体である）東京の博友会の下部組織に入ることでコンセンサスを得ました。その後レストランに場所を移し、1年間の講演会のスケジュール調整を行ないました。下村大臣は国会で博友会の運営については一切承知していないと答弁していましたが、この秘密会合ですべてを決めるのは毎年恒例のことです。今回は中四国博友会のトップが交代するので、その挨拶も行なわれました」

また、「週刊文春」（15年3月12日号）は、別の「博友会」現役幹部の証言を紹介しています。

「全国各地にある博友会は、会員から年会費として徴収したお金を確かに下村博文事務所に渡しています。会員であるにもかかわらず年会費が未払いの人がいれば、下村事務所から各博友会幹部に

『払っていない人がいます。どうなっているのですか。督促して下さい』と連絡が来るのです。その年会費が政党支部への寄付金として処理されていることも間違いない。それなのに国会でよくもあんなデタラメな説明ができるものだと、さすがに私も失望しました」

「博友会を全国組織にしたのは塾経営を通じて下村先生とは30年来の仲である森本氏です。彼は各博友会を束ねる『全国博友会』の会長でもあります。

そして博友会のもう1人のキーマンが、下村氏の長年の秘書で、現在文科大臣秘書官を務めている榮氏です。博友会は各組織によって年会費がまちまちで、現在最も高いところで12万円、ほかに6万円、3万円などと分かれています。この支払い状況の管理を一手に行なっているのが榮氏なのです。博友会の会員の中には、各地域の会長に頼まれ、お付き合いで半ば強引に入会させられている人も少なくありません。しかし、榮氏は講演会の出席者のリストなどと照らし合わせ、年会費を納めていない人がいると各地域の会長などに連絡して督促するのです。その集金方法に対する反発は博友会内部に根強くあります」

◆届出しなかった理由

「近畿博友会」会長の男性は、産経新聞の取材に対し「届け出ると（政治資金規正法上の）規制がかかる。収支を明らかにする必要が生じる」と無届けの理由を説明しています（産経新聞２０１５年３月５日）。

「東北博友会」など六つの各地「博友会」が、仮に下村大臣が国会で弁明するように「任意団体」であるならば、会社や労働組合と並ぶ「その他の団体」(政治資金規正法第21条第1項)であるとして「自由民主党東京都第11選挙区支部」は、それらからの寄付をそのまま政治資金収支報告書に記載すれば適法です。にもかかわらず、実際にはそう記載しなかったのは、それらの事務所が各地の塾内にあることが世間に知れ渡ると塾生が集まらず塾の経営が成り立たなくなる恐れがあり、ひいては、政治団体としての届出をしないまま政治資金を集め支出しているにもかかわらず政治資金収支報告書を作成してどこにも提出していないことがマスコミで問題視されるおそれがあるから、それらを全て回避するためだったのでしょう。

したがって、下村大臣らは、各地「博友会」の役員らに、各地の都道府県選挙管理委員会への政治団体としての届出をさせてないからこそ、真実はそれら政治団体の寄附であるのに、それを本人以外の名義の寄付として受領し、政治資金収支報告書に虚偽の記載をするに至ったとしか考えられません。

◆政治資金規正法違反での告発とその受理

政治資金規正法は、政治団体は「当該政治団体の目的、名称、主たる事務所の所在地及び主としてその活動を行う区域、当該政治団体の代表者、会計責任者」などを「都道府県の選挙管理委員会又は総務大臣に届け出なければならない。」等と定めています(第6条第1項・第2項)。

そして、同法は、「第6条第1項の規定による届出がされた後でなければ、政治活動(選挙運動を含む。)のために、いかなる名義をもってするを問わず、寄附を受け、又は支出をすることができない。」と定め（第8条）、「政治団体が第8条の規定に違反して寄附を受け又は支出をしたときは、当該政治団体の役職員又は構成員として当該違反行為をした者は、5年以下の禁錮又は100万円以下の罰金に処する。」と罰則を定めています（第23条）。

また、同法は、「何人も、本人の名義以外の名義又は匿名で、政治活動に関する寄附をしてはならない。」と定める（第22条の6第1項）とともに、「何人も、第1項の規定に違反してされる寄附を受けてはならない。」と定めています（同条第3項）。そして、「第22条の6第1項の規定に違反して寄附をした者（団体にあっては、その役職員又は構成員として当該違反行為をした者）」（第26条の2第4号）および「第22条の6第3項の規定に違反して寄附を受けた者（団体にあっては、その役職員又は構成員として当該違反行為をした者）」（同条第3号）につき「3年以下の禁錮又は50万円以下の罰金に処する。」と罰則を定めています。

さらに、同法は、「政治団体の会計責任者（報告書の記載に係る部分に限り、会計責任者の職務を補佐する者を含む。）は、毎年12月31日現在で、当該政治団体に係るその年における収入、支出その他の事項で次に掲げるもの（これらの事項がないときは、その旨）を記載した報告書を、その日の翌日から3月以内（……）に、第6条第1項各号の区分に応じ当該各号に掲げる都道府県の選挙管理委員会又は総務大臣に提出しなければならない。」と定めています（第12条第1項）。そして、「第12条第1項……の報告書又はこれに併せて提出すべき書面に虚偽の記入をした者」（第25条第3号）につき「5年以下の禁錮又は100万円以下の罰金に処する。」と罰則を定めています。

そこで、私を含む全国の研究者24名は、15年3月24日、下村大臣らを刑事告発するために東京地検特捜部に告発状を送付しました。特捜部からは、それから1カ月後の4月23日、私たちの告発を受理したと代理人に連絡してきました。

◆議員辞職もすべき!

政治団体の届出をしている「博友会」には、全国合同で開催されたときの政治資金の収支が政治資金収支報告書に記載されている可能性がありますが、それ以外の各地「博友会」主催の講演会等については、その収入が使途を隠された裏金として支出されていると思われます。つまり、六つの各地「博友会」は、政治団体としてどこにも届出をせず、政治資金収支報告書も提出されていないので、その結果として裏金づくりが容易に可能になったのでしょう。

下村氏は刑事責任とは別に、政治的責任を取る必要があります。国会で嘘をつき続けていますから、大臣を辞任するだけではなく、議員を辞職すべきです!

2 加藤勝信大臣らの「国民医療を守る議員の会」事件は第2の「博友会」事件

加藤勝信1億総活躍担当大臣が要職を務める党内最大級の議員連盟に、政治資金規正法違反の疑いが浮上したと「日刊ゲンダイ」がスクープ報道しました（「自民党最大議連に「消えた献金」疑惑 事務局長は首相側近」日刊ゲンダイ2016年6月22日）。

同報道によると、診療報酬のプラス改定を目指し、陳情を行う議連「国民医療を守る議員の会」以下、「議員の会」という）は、13年11月8日に設立されました。高村正彦副総裁が会長、伊吹文明・元衆院議長が特別顧問を務め、発起人には事務局長の加藤勝信氏をはじめ、鴨下一郎衆院議員、上川陽子前法相ら、そうそうたるメンバーが名を連ね、14年10月には、自民党議員350人が加盟する最大の議連となったといいます。過去に「議員の会」は、ホテルニューオータニや憲政記念館（いずれも千代田区）などで200～300人規模の総会を少なくとも計6回開催しています。

公益法人・日本医師会の政治団体「日本医師連盟」の政治資金収支報告書によると、13年11月8日に前記「議員の会」に500万円を寄付したとの記載があり、翌14年は10月17日にも、「議員の会」に100万円を寄付したとの記載があり、共に〈支出を受けた者の氏名〉欄には「事務局長　加藤勝信」と記され、加藤氏の事務所がある永田町の衆院第2議員会館の住所が明記されていたのです。

ところが、「議員の会」は、総務省にも、会館のある東京都選管にも「政治団体」として届け出ていないのです。

政治資金規正法は、第5条で「政治上の主義又は施策を研究する目的を有する団体で、衆議院議員若しくは参議院議員が主宰するもの又はその主要な構成員が衆議院議員若しくは参議院議員であるもの」を「政治団体とみなす」と定めており、そして、前述したように、同法第8条で、政治団体は、届出がされた後でなければ、政治活動のために、いかなる名義をもつてするを問わず、寄附を受け、又は支出をすることができないと定め、届け出前の寄付と支出を禁じており、違反すれば、団体の役職員は「5年以下の禁錮又は100万円以下の罰金」に問われることになります。

「日刊ゲンダイ」は、加藤氏と会長の高村氏の両事務所に見解を求めたが、期限までに返答はなかったというのです。

総務省は、一つの都道府県の区域内で活動を行う政治団体については、事務所の所在地の選管への届け出を義務付けていて、二つ以上の都道府県にまたがり活動する団体には、総務大臣へ届け出ることを義務付けています。全く別の道府県に届け出ることは考えられません。届け出を怠り、収支報告をしないのは、政治資金規正法に違反する可能性が高く、第2の「博友会」事件となりそうです。明確な回答をしない以上、選挙や選挙の裏金として使ったと疑われても仕方がありません。

加藤大臣らは説明責任を果たすべきです。

第6章

自民党本部・支部の「政策活動費」名目等の使途不明金

1　自民党本部の使途不明金「政策活動費」

◆自民党本部の「政策活動費」名目の支出

自民党本部は幹事長などの議員個人に対し「政策活動費」名目で寄付しており、その具体的な使途がどこにも報告されていないという重大な問題があります。

例えば、10年1月から7月21日（参議院通常選挙）までに当時の自民党幹事長であった大島理森議員に3億8550万円、尾辻秀久議員には5月31日一度に6000万円、河村建夫議員には5月13日から6月30日にかけて計1150万円など9名の議員に合計5億1800万円が交付されていたのです。しかし、これらの議員達はこの巨額の資金を何に使ったか一切報告していません。

以上については、他の年にも同様のことが指摘できます。

例えば、14年11月21日に衆議院が解散され（同年12月2日公示）、12月14日に総選挙の投開票が施行されたところ、自民党本部は11月21日から12月14日までの期間に限定しても谷垣禎一幹事長に計4億7500万円の「政策活動費」を支出していますが、その使途は不明のままです（同年の同党本部の「政策活動費」名目の支出総額は15億9260万円）。

◆政治資金規正法の違法な運用で「政策活動費」は使途不明金になっている！

もっとも、使途不明金になっている「政策活動費」については、政治資金規正法が遵守されず、違法な運用がなされた結果なのです。以下、この点を詳しく説明しましょう。

自民党本部は、幹事長を中心に数名の国会議員に対し「政策活動費」名目で寄付を行ってきました。政治資金規正法は、国会議員などの「公職の候補者」に政治活動のための寄付を原則として禁止していますが、その寄付者が政党の場合については例外として許容しているのです（第21条の2）。そこで、自民党本部は「政策活動費」名目の寄付を幹事長らに行っているのです。

その年間総額は、自民党が下野していた11年であっても5億6670万円もあり、そのうち、幹事長だった石原伸晃議員は計3億4750万円の寄付を受け取っていました。政権復帰した12年の総額は9億6510万円で、そのうち、計2億円を超える「政策活動費」を受け取っていたのは、旧幹事長の石原伸晃議員（2億780万円）、新幹事長の石破茂議員（2億6000万円）、総裁の安倍晋三議員（2億5000万円）。一昨年の14年は15億9260万円にも上り、そのうち、旧幹事長の石破茂議員に5億1140万円、新幹事長の谷垣禎一議員に8億590万円が寄付されていました。

問題はここからです。政治資金規正法は、国会議員らのために政治資金の拠出を受ける政治団体（資金管理団体）を認めているので（第19条第1項）、国会議員個人が受け取った寄付は、この「資金管理団体」の収支報告書で記載されるべきなのですが、政界では記載する必要はないという解釈・運用がなされています。つまり、党本部から受け取った議員は「政策活動費」を自己の資金管理団体で一切収支報告してはいないため、実質的な税金である政治資金が使途不明金になっています。言い換えれば、ポケットマネーまたは政治や選挙の裏金になっているわけで、政治資金の透明化を要求

自由民主党の「政策活動費」

2011年～2014年の 自由民主党の「政策活動費」合計	
2011年	566,700,000
2012年	965,100,000
2013年	1,290,800,000
2014年	1,592,600,000
合　計	4,415,200,000

受け取った議員	4年間合計額
石破　茂	1,806,900,000
谷垣　禎一	874,500,000
石原　伸晃	555,300,000
安倍　晋三	250,000,000
森山　裕	99,200,000
脇　雅史	92,000,000
河村　建夫	82,000,000
山口　泰明	60,000,000
高村　正彦	60,000,000
岸田　文雄	55,600,000
茂木　敏充	52,700,000
溝手　顕正	39,100,000
佐藤　勉	34,100,000
逢沢　一郎	34,000,000
鴨下　一郎	30,000,000
中曽根　弘文	27,600,000
大島　理森	27,000,000

受け取った議員	4年間合計額
稲田　朋美	25,000,000
二階　俊博	25,000,000
細田　博之	22,000,000
高市　早苗	21,600,000
吉田　博美	20,000,000
菅　義偉	16,100,000
小池　百合子	15,100,000
甘利　明	14,800,000
竹下　亘	14,600,000
塩谷　立	13,800,000
野田　聖子	13,200,000
小坂　憲次	10,000,000
伊達　忠一	10,000,000
遠藤　利明	5,000,000
浜田　靖一	5,000,000
森　英介	3,000,000
田野瀬　良太郎	1,000,000

2011年政策活動費	
受け取った議員	金　額
石原　伸晃	347,500,000
森山　　裕	36,400,000
逢沢　一郎	34,000,000
脇　　雅史	25,000,000
大島　理森	21,000,000
河村　建夫	18,000,000
中曽根　弘文	16,600,000
岸田　文雄	14,300,000
小坂　憲次	10,000,000
石破　　茂	8,400,000
茂木　敏充	8,000,000
小池　百合子	5,300,000
谷垣　禎一	5,000,000
遠藤　利明	5,000,000
塩谷　　立	4,800,000
菅　　義偉	3,000,000
森　　英介	3,000,000
甘利　　明	1,400,000
合　計	566,700,000

2012年政策活動費	
受け取った議員	金　額
石破　　茂	260,000,000
安倍　晋三	250,000,000
石原　伸晃	207,800,000
森山　　裕	62,800,000
岸田　文雄	41,300,000
脇　　雅史	27,000,000
河村　建夫	15,000,000
甘利　　明	13,400,000
菅　　義偉	13,100,000
細田　博之	11,000,000
中曽根　弘文	11,000,000
高村　正彦	10,000,000
谷垣　禎一	10,000,000
塩谷　　立	9,000,000
茂木　敏充	6,700,000
大島　理森	6,000,000
浜田　靖一	5,000,000
竹下　　亘	5,000,000
田野瀬　良太郎	1,000,000
合　計	965,100,000

2013年政策活動費	
受け取った議員	金　額
石破　　茂	1,027,100,000
河村　建夫	46,000,000
脇　　雅史	40,000,000
鴨下　一郎	30,000,000
山口　泰明	30,000,000
高村　正彦	25,000,000
高市　早苗	17,300,000
佐藤　　勉	14,100,000
野田　聖子	13,200,000
細田　博之	11,000,000
伊達　忠一	10,000,000
竹下　　亘	9,600,000
溝手　顕正	9,100,000
小池　百合子	8,400,000
合　計	1,290,800,000

2014年政策活動費	
受け取った議員	金　額
谷垣　禎一	859,500,000
石破　　茂	511,400,000
山口　泰明	30,000,000
溝手　顕正	30,000,000
稲田　朋美	25,000,000
二階　俊博	25,000,000
高村　正彦	25,000,000
茂木　敏充	20,000,000
佐藤　　勉	20,000,000
吉田　博美	20,000,000
茂木　敏充	18,000,000
高市　早苗	4,300,000
河村　建夫	3,000,000
小池　百合子	1,400,000
合　計	1,592,600,000

している政治資金規正法の趣旨に反します。

この手口を模倣している新党改革の「組織活動費」もその一つです。舛添氏は自民党時代にこの手口を批判せず、新党改革では真似て実行したのです。

2 自民党山口県支部連合会でも同様に使途不明金

以上の自民党本部による「政策活動費」名目の個人への寄付が使途不明金になっている問題は、各地の自民党支部連合会でも同様な手口で高額な使途不明金が生じている可能性が高いようです。

例えば、安倍信三首相・自民党総裁の地元「自由民主党山口県支部連合会」の「活動費」名目の個人への支出がその典型です。

◆江島潔参議院議員と岸信夫衆議院議員

江島潔氏は、父・江島淳が元・山口県選出参議院議員で、1995年には下関市長選挙で初当選し、以後連続4期同市長を務め、2013年4月28日参議院山口県補欠選挙で自由民主党から立候補し、当選した参議院議員です。

岸信夫氏は、周知のように、元衆議院議員安倍晋太郎氏の三男であり、母の実家の岸信和夫婦に養子として迎えられ、祖父が元内閣総理大臣・岸信介で、大叔父が元内閣総理大臣・佐藤栄作で、実兄が現在の内閣総理大臣・安倍晋三衆議院議員であり、２００４年7月の参議院議員通常選挙の山口選挙区で初当選し、10年7月の参議院議員通常選挙の山口県選挙区で再選され、12年12月の第46回衆議院議員総選挙において山口県第2選挙区で初当選し、13年1月1日から同年12月末日まで「自由民主党山口県支部連合会」（以下「県支部連」という）の代表です。

また、「県支部連」の会計責任者は１９９１年3月に山口県議会議員選挙で初当選し、その後当選を重ね、13年6月に自由民主党山口県連幹事長に就任した人物です。

◆「自由民主党山口県支部連合会」の「活動費」名目の寄付（２０１１年〜２０１４年、合計９７９４万円）

11年4月1日に山口県議会議員選挙は告示され、同月10日に投開票されました。

翌12年2月22日、現職の山口県知事が夏の県知事選に出馬しないと表明し、県知事選挙は同年7月11日に告示され、同月29日に投開票が行われて、自民党と公明党が推薦した候補者（村岡嗣政）が当選しました。

また、同年（12年）11月16日に衆議院が解散され、第46回総選挙は12月4日に公示され、投開票は同月16日に行われました。

同年11月30日に岸信夫氏が衆議院議員総選挙に出馬するために参議院議員を辞職したため、参議院山口県選挙区の補欠選挙が翌13年4月11日に告示され、同月28日に投開票が行われ、江島潔氏が当選しました。

翌14年2月6日に山口県知事選挙は告示され、2月23日に投開票が行われましたが、総務省自治財政局財政課財政企画官だった村岡嗣政氏は、同年1月15日に総務省を退職し、翌16日に山口県知事選挙への立候補の意向を表明し、1月20日に記者会見を開いて無所属での立候補を正式表明し、同日、自民党と公明党が村岡氏の推薦を決定しました。そして、村岡嗣政氏が知事選挙で初当選しました。

「県支部連」は「活動費」名目で、11年は計580万円、12年は計4609万円、13年は計550万円、14年は計4055万円（4年間に合計9794万円）を各個人に支出していました。

これらの者への「組織活動費」のうちの「活動費」名目の支出は、真実の支出というにはあまりにも抽象的であり、何の目的の遂行のための支出かは一切判明しません。

「活動費」は抽象的で多義的な意味を有していますから、支出内容が具体的かつ明確であるとは言い難いのです。「活動費」で全ての支出が許されれば、政治資金規正法が要求している「政治団体の収支についていては、全て公表し、国民の批判に委ねるという本法の公開」の趣旨を大きく逸脱するものであると解されます。住所が山口県の者への「活動費」なる支出は、公職選挙法の禁止している有権者への「買収」の対価の可能性もあります。

11年には前述した山口県議会議員選挙が実施されていますが、「県支部連」は、その告示日の10日前に計550万円の「活動費」を支出していました。つまり、同年に支出された「活動費」計580万円の約95%が、どこかで収支報告されていなければ、県議会議員選挙の事実上の選挙戦の裏金として投入された可能性があるのです。

12年には、前述したように前半には県知事選挙が、後半には衆議院総選挙がそれぞれ執行されていますが、「県支部連」は、現職知事が不出馬表明した2月22日以降投票日7月29日までの期間に3229万円の「活動費」を支出し、衆議院解散11月16日以降総選挙投票日12月16日までの期間に1300万円の「活動費」を支出していました。つまり、同年に支出された「活動費」合計4609万円の約98％が、どこかで収支報告されていなければ、県議会議員選挙と衆議院総選挙の事実上の選挙戦の裏金として投入された可能性があるのです。

13年には、前述した参議院山口県選挙区の補欠選挙が執行されているところ、「県支部連」は、同補欠選挙の告示日4月11日の10日前に500万円の「活動費」を支出していました。つまり、同年に支出された「活動費」合計550万円の約91％が、どこかで収支報告されていなければ、同補欠選挙の事実上の選挙戦の裏金として投入された可能性があるのです。

14年には前述したように山口県知事選挙が執行されていますが、「県支部連」は、同選挙で当選した村岡嗣政氏が知事選への立候補を表明した1月16日以降、村岡嗣政氏への600万円（同月28日）を皮切りにして知事選の投開日2月23日までの期間に計3870万円の「活動費」を支出していました。つまり、同年に支出された「活動費」計4055万円の約96％が、どこかで収支報告されていなければ、県知事選挙の事実上の選挙戦の裏金として投入された可能性があるのです。

要するに「県支部連」が11年～14の4年間で支出した「活動費」合計9794万円のうち9449万円（約96％）について、、どこかで収支報告されていなければ、前記複数の選挙の事実上の選挙戦の裏金として投入された可能性があるのです（さもなければ、ポケットマネーになっている可能性があります)。

それらがどこかで収支報告されていなければ、真実はいずれも「活動費」なる支出は本来の目的を記載せず、それを隠ぺいするために、このような「活動費」名目の支出を行っていると解されます。

3 自民党東京都支部連合会でも類似の使途不明金

支部連合会の使途不明金には、議員個人に対するもの以外にもあります。

例えば「自民党東京都支部連合会」(以下「都支部連」という)の場合には、「組織対策費」名目で、自身の様々な内部組織に対する寄付や都議会の会派「東京都議会自由民主党」に対する寄付もあり、それが使途不明金になっています。ます、後者から紹介しましょう。

◆党支部「都議会自由民主党」と会派「東京都議会自由民主党」の違い

「都支部連」の政治資金収支報告書をチェックする際に注意しなければならないことがあります。それは、「都議会自由民主党」という記載と「東京都議会自由民主党」という記載があり、両者は同じではなく異なる、ということです。

「都議会自由民主党」は、東京都選挙管理員会に政治団体(政支部党)の届け出をしており、政治資金収支報告書を毎年、同選挙管理委員会に提出していますが、「東京都議会自由民主党」は、これとは別で、東京都議会の会派です。言い換えれば、「都議会自由民主党」は政治資金を受け取り、支出している私的団体ですが、「東京都議会自由民主党」は、政務活動費という税金を受け取り、それを使っている（支出している）公的団体です。

両者の所在地も違います。

◆「都支部連」の「都議会自由民主党」への寄付

「都支部連」は、政治団体（政党支部）である「都議会自由民主党」に対し、12年は計1850万円、13年は計1960万円、14年は計2585万円を寄付しています。「都議会自由民主党」も、これを受領した旨、その政治資金収支報告書に記載しています。

◆「都支部連」の会派「東京都議会自由民主党」への「組織対策費」名目での寄付

「都支部連」は、以上とは別に、会派「東京都議会自由民主党」に対して「組織対策費」名目で、12年は計2275万円、13年は計2765万円、14年は計2472万円（3年間で合計7512万円）を寄付しています。

政治資金収支報告書に記載されている所在地は、「東京都議会自由民主党」のホームページに明記されている所在地（新宿区西新宿2－8－1）と一致します。

◆会派「東京都議会自由民主党」が受領した合計7512万円の使途は不明のまま!?

会派「東京都議会自由民主党」は、以上のように、「都支部連」から3年間で合計7512万円を受け取っていますが、会派「東京都議会自由民主党」は、政治資金収支報告書を作成・提出してはいませんし、前掲の政党支部「都議会自由民主党」がその受領を記載・報告してもいませんので、同会派が3年間で受領した計7512万円は、いつ、何の目的で、誰に対し、支出されたのか、全くわからないのです。

つまり、計7512万円は、使途不明金になっているのです（会派の構成メンバーである自民党都議会議員の政党支部や政治団体で、それを収支報告していれば、話は別ですが、そうであれば、記載に齟齬が生じます）。

会派「東京都議会自由民主党」が政治資金（寄付）を受け取るのであれば、東京都選挙管理委員会に政治団体の届け出をし、政治資金収支報告書でその収支を報告するか、もしくは、会派「東京都議会自由民主党」で政治資金（寄付）を受け取るのではなく、政治団体（政党支部）である「都議会自由民主党」で受け取り、収支報告するか、そのいずれかをすべきなのです。しかし、そのいずれも行っていないため、計7512万円は、使途不明金となっているのです。

◆さらに3年間で使途不明金4952万円余の疑い

以上とは別に、「都支部連」は、さらに同じ手法、すなわち「組織対策費」名目で、同支部連合会内部の様々な組織に対し寄付し、それが使途不明金になっている、という疑いがあります。

「都支部連」は、12年分から14年分の政治資金収支報告書をチェックすると、複数の内部組織（自

民党都連青年部、自民党都連学生部、自民党都連島嶼議連、自民党都連女性議連、自民党都連秘書会、自民党都連女性部、自由民主党区議会議員連絡協議会、自由民主党三多摩議員連絡協議会）に対し、「組織対策費」名目で寄付しています。

それらの内部組織が「都支部連」から「組織対策費」名目で受け取っている寄付の総額は、12年から14年までの3年間で、４９５２万２０００円（12年は１５６１万４０００円、13年は１５４９万９０００円、14年は１８４０万９０００円）です。

しかし、「自由民主党区議会議員連絡協議会」など「都支部連」内部の諸組織は、政治団体としての届け出をしていないようで、独自の政治資金収支報告書を作成して東京都選挙管理員会に同報告書を提出していません。

それゆえ、「都支部連」内部の諸組織が3年間で受領した計４９５２万円余の組織対策費の内容は不明です。組織内部の議員・秘書・党員らに配ったのか、受け取った議員らはそのカネをどう使ったのかも全くわからないのです。つまり、計４９５２万円余が使途不明金になっているのです。

◆使途不明金の総額は1億2464万円余

「都支部連」が都議会の会派「東京都議会自由民主党」に対し「組織対策費」名目で寄付し、それが使途不明になっている金額の合計は、3年間で計７５１２万円でした。また、「都支部連」が同連合会内部の諸組織に対し「組織対策費」名目で寄付し、それ使途不明になっている金額の合計は、前述したように3年間で計４９５２万円余でした。以上を総計すると、3年間で1億２４６４万円余にも及びます。

ですから、以上の全額または一部が、政治又は選挙における裏金になっているかもしれませんし、あるいはまた、支部連合会の内部組織や会派「東京都議会自由民主党」の構成メンバーのポケットマネーになって私物化されているかもしれません。

特に、12年12月と12年12月は、衆議院総選挙と都知事選挙があり、13年は、参議院通常選挙がありましたので、それらの各選挙の裏金になっている可能性があります。

「組織対策費」名目の寄付の手法は、自民党本部が同党幹事長ら数名の国会議員に「政策活動費」名目で寄付する手口をそのまま模倣したもので、政治資金の透明化を義務づけている政治資金規正法の趣旨に反することは明らかです。

「都支部連」は、使途不明金になることを分かったうえで上記支出をしていたわけです。「政治とカネ」で2代続いて東京都の知事が辞職したのですから、「自由民主党東京都支部連合会」の議員たちは、このカネはどこに消えたのか明らかにする責任があります。


「都支部連」のその内部組織および会派「都議会自由民主党」に対する「組織活動費」

年	会派「都議会自由民主党」に対する「組織活動費」合計額	内部組織に対する「組織対策費」合計額	総計
2012年	22,750,000	15,614,000	38,364,000
2013年	27,650,000	15,499,000	43,149,000
2014年	24,720,000	18,409,000	43,129,000
総計	75,120,000	49,522,000	124,642,000

終章

「政治とカネ」に関する改革案

1　保守政党のバブル状態の収入とその見直しの必要性

◆自民党などの収入はバブル状態

これまで多くの政治家の政治資金収支報告書を調査、追及してきましたが、疑わしいものが実に沢山ありました。本書で指摘したもの以外でも、荒井聡元国家戦略相が政治資金でキャミソールを購入していたり、小渕優子元経産相は下仁田ネギやベビー服の代金を政治資金から支出していました。前都知事の舛添氏は同様のことを模倣して行ったつもりなのでしょう。

そこであらためて、なぜそのようなことが起きるのかを考えてみると、第一に、税金である政党交付金を受け取る政党の場合、お金に色がついていない以上、政治資金を他の政治団体や個人に寄付することを禁止すべきなのに、「結社の自由」の保障を理由に使途が制限されていないという法制度上の問題があります。

第二は、政党交付金があるため、自民党などの保守政党の政治資金が潤沢過ぎるからです。

1994年の「政治改革」で政党助成法が制定され、政党交付金は翌年から「250円」に人口数を乗じて総額を算出し（現在約320億円）、それが毎年「国会議員5名以上の政党」または「国会議員1名以上で得票率2％以上の政党」に対して交付されてきました（日本共産党は受け取りを拒否）。1人当たり「250円」は、1986年から1989年までの4年間の政党の全収入900億円の3分の1である300億円を人口数1億2300万人で割ったものでした（田中宗孝『政治改革六年の道程』ぎょうせい・1997年）。つまり、80年代後半の「バブル経済」時代の政治資金を確保するために「250円」が決まったのです。したがって、政党の政治資金はバブル状態で、最高額を受け取っている自民党の場合、今年の政党交付金の決定額は172億円超もあり、政治資金の大半を政党交付金に依存しているのです。政党助成導入から20年以上が経過し、景気は悪化し、国の財政もどんどん逼迫しているのに、企業献金を禁止せず政党交付金との「二重取り」を続けています。

要するに、政治資金は「バブル状態」で、豊富な資金が黙っていても転がり込んでくる国営政党になっているので、政治資金を私物化する余裕があるため違法または不適切な支出がなされているのです。ですから、政治資金の「入口」を改革しないと「出口」は杜撰なままでしょう。

◆主権者国民から政党を乖離させる収入源は全面禁止すべき

自民党など保守政党の収入源について抜本的な改革をすべきです。

その第一の改革として、甘利明前大臣の口利き事件が教示しているように政治腐敗の温床になってきた企業献金は、一日も早く全面禁止すべきです。

保守政党・国会議員は、いまだに企業献金を全面禁止せず、企業献金と政党交付金の「二重取り」を続けています。資金管理団体など政治団体は企業献金の受け取りが禁止されていますが、企業が政党本部や政党支部に献金することは認められていますし、政党支部が政治団体に寄附することも認められています。それゆえ、国会議員ら政治家は政党支部の支部長になることで企業献金を受け取り、政治家の政治団体は、政党支部を介して結果的に、受け取りの禁止されている企業献金を事実上受け取っています。また、政治団体は企業から政治資金集めのためのパーティー券を買ってもらい、事実上の企業献金を受け取っています。これでは、企業と政治家の癒着関係は絶てません。

政治腐敗の温床である企業献金は、一日も早く全面禁止すべきです。その際には、政治資金集めのパーティー収入が寄付収入とほとんど変わらなくなっている現状を踏まえ、企業が政治資金パーティー券を購入することについても全面禁止すべきです。そうしなければ、実質的な企業献金は存続することになるからです（詳細については、上脇博之『財界主権国家・ニッポン』（日本機関紙出版センター・２０１４年）、同『告発！政治とカネ』（かもがわ出版・２０１５年）を参照）。

また、第二の改革として、税金が原資の政党助成制度は、即刻、廃止すべきです。政党助成法は、衆参の国政選挙の投票結果を、政党交付金を受け取る資格とその配分を決める基準に採用しています。それゆえ、同法は、有権者に政党交付金のための投票を拒否することを保障していませんので、政治的自己決定権を侵害してもいますから、人権侵害を許さないためにも廃止すべきです（詳細は、上脇博之『誰も言わない政党助成金の闇』（日本機関紙出版センター・２０１４年）、同『告発！政治とカネ』（かもがわ出版・２０１５年）を参照）。

企業献金も政党助成金も、それらを受け取る政党を主権者国民から乖離させてしまうので、国民主権と議会制民主主義を実現するためにも、企業献金の全面禁止と政党助成金の廃止は、ぜひとも実現すべきです。

もちろん、民意を歪曲し国民主権と議会制民主主義の実現を妨げている、衆議院の小選挙区選挙と参議院の選挙区選挙は廃止し、無所属も立候補できる完全比例代表制に改革すべきです（詳細は、上脇博之『なぜ4割の得票で8割の議席なのか』（日本機関紙出版センター・2013年）、同『安倍改憲と「政治改革」』（日本機関紙出版センター・2013年）を参照）。

◆企業献金の次善改革

もっとも、それでも、自民党など高額の企業献金と政党助成金を受領している金権政党は、以上の全面禁止、廃止に賛同せず、抵抗し続けるかもしれません。例えば、「大規模な政治資金パーティー」の開催を禁止している「大臣規範」は、厳格に解釈・運用されていませんので、前述したように「大規模な政治資金パーティー」が開催され、「大臣規範」は遵守されていません。そうなると、大臣規範は厳格に改正されるべきです。しかし、2016年2月5日午前の衆院予算委員会で、民主党の長妻昭議員は、「大臣規範」に、企業・団体献金や、企業によるパーティー券購入を対象に加える改正を首相に提案しましたが、これに対し、安倍首相は、「カネをもらって政治や政策をねじ曲げる行為は許してはならないが、企業・団体が政党などに献金を行うこと自体が不適切だとは考えていない」と反論し、閣僚ら政務三役が企業・団体献金を受け取るのを禁止、自粛する「大臣規範」改正について「必要はない」との認識を示しました（「安倍首相　閣僚献金の禁止否定　規範改正『必要なし』」毎日新聞2016年2月5日東京夕刊）。

「大臣規範」でさえ改正を拒否しているのですから、ましてや法律で禁止することはなおさら期待できません。そうであっても、最低限、次善の改革は行われるべきです。

まず、企業献金についての次善の改革としては、せめて補助金を受領している企業からの政治献金は全面禁止すべきです。現行の政治資金規正法では、補助金の内容が「試験研究、調査に係るもの」「災害復旧に係るもの」「その他性質上利益を伴わないもの」という例外（第22条の3第1項）を認めていますが、この例外をなくし、かつ、補助金の交付決定主体がどこだろうと（国であろうと県だろうと独立行政法人であろうと）税金が交付される点では同じである以上、交付決定から1年間に限定せず最終交付から少なくとも「10年間」は全面禁止すべきです。補助金を受けている企業が分割された場合も合併した場合も、同様に禁止が継承されるべきです。

そして、前記企業が禁止されている政治献金を行った場合、政治献金の全面禁止の前記「10年間」を「20年間」に延長し、かつ、少なくとも「10年間」は補助金を受ける資格も剥奪すべきです。

また、政治資金規正法は、外国人、外国法人又はその主たる構成員が外国人若しくは外国法人である団体その他の組織（上場株式会社にあっては、外国人又は外国法人が発行済株式の総数の過半数に当たる株式を保有していたもの）から政治活動に関する寄付を受けることを禁止しています（第22条の5第1項本文）が、これには例外が認められています。すなわち、外国人又は外国法人が発行済株式の総数の過半数に当たる株式を保有していても、日本法人であって、その発行する株式が5年以上継続して上場されているもの等については、政治活動に関する寄付が認められているのです。

しかし、この例外は廃止すべきです。前記原則が「国家の独立性」（国家主権）を守るためなので、その例外を認めるべきではないからです。

2　政党交付金の次善改革

◆民意を正確に反映させる政党助成制度へ

政党助成金についても、最低限、次善の改革が不可欠です。現行制度は、衆参の国政選挙の投票が政党助成に流用されているので、この流用を止めて、国政選挙の投票とは別に「政党助成のための投票制度」を採用すべきです。そして、現行のように投票率・数に関係なく年間総額320億円を確保する仕組みを改めて、投票数に比例して各政党の助成金額が決定される制度へと改革すべきです。この場合、投票権者の過半数が有効投票しなかったときには、政党助成金制度は廃止するとの効力をもたせるべきです。これは、主権者国民による一種の拒否権行使です。

◆政党交付金の残金の例外なき国庫返還と使途制限の改革

現行の政党助成法では政党の本部や支部が解散したら政党助成金（政党交付金）の残金は国庫に返還させる仕組みになっています（第33条）が、多くの場合、解散直前に議員が代表を務める政治団体に寄付して「返還逃れ」がなされています。舛添前都知事も、国会議員時代同様に返還逃れをしていました。

政治資金規正法では、政党支部や資金管理団体が解散したときの政治資金や資産についての処理方法が一切書かれていませんから、後処理をする団体の良識に委ねられています。ひどいケースになると、スタッフで山分けしたと囁かれることもあります。舛添前都知事も「新党改革」を離党する直前に自己の政治団体に寄付して、政党交付金の残金の国庫への返還逃れをしていました。

それゆえ、今後は、たとえ政党助成法を廃止せず、存続させるとしても、他の政治団体等に寄付することを禁止すべきですし、政党や政治団体の解散時の処理について法整備が必要だと思います。

特に、政党交付金の政治団体への寄付は、政党の本部や支部が解散する場合に限らず、絶対的に禁止すべきです。そうしなければ、政党交付金が「政治団体交付金」になってしまうからです。

また、政党交付金の年末の残金は、政党の本部や支部が解散する場合に限らず、例外なく国庫に返還させるようにすべきです。現行の政党助成法は、「基金」をつくれば年末の残金の国庫への返還を免れる例外を認めています（第14条、第16条、第33条）。これに乗じて、政党交付金の交付を受けている政党の本部と支部のほとんどが「基金」をつくって国庫への返還を逃れています。つまり、残金の国への返還という原則は、実際の運用では例外になっており、原則と例外が逆転しています。

したがって、例外となる「基金」を認めず、政党交付金の年末の残金は全額国庫に返還させるよう法律改正すべきです。

◆政党交付金から不記載・虚偽記載の10倍減額を！

私たち「政治資金オンブズマン」は、甘利明前経済産業大臣や下村博文前文科大臣など政治家の疑惑を告発してきました。今の政治資金規正法や公選法は会計責任者や出納責任者が寄付の明細書を受け取る仕組みにしていますし、金融機関の口座間のやり取りは記録に残りますから、ミスが起きないようになっています。仮に記載ミスがあれば、翌年への繰り越し金額が使途報告書や政治資金収支報告書におけるその記載額と一致しないから、会計責任者はすぐにミスに気付くはずです。

ですから、公金を受け取る政治家の政党支部や政治団体が、悪質な虚偽記載などをした場合、「間違ったので訂正しました」「すぐに返金します」で済ませるべきではありません。

したがって、検察は、国民が刑事告発した場合には、虚偽記載や不記載については、会計帳簿などを押収して厳正な捜査を行い、刑事事件として立件すべきです。しかし、これまで検察はこの種の事件を厳正に捜査することはなく、不起訴処分にしてきました。それゆえ、国会議員ら政治家らは反省することなく、裏口座をつくり、平気で虚偽記載や不記載を繰り返しているのです。

検察に期待できないとなると、制度改革するしかありません。政党交付金を受け取っている政党とその政治家の政治団体が、税金である政党交付金であれ、税金でない政治資金であれ、不記載や虚偽記載をした場合、それが故意に行われたのであれば不記載額・虚偽記載額の１００倍の額を、故意でなくても10倍の額を、政党交付金から減額する等ペナルティを課すべきです。そうしないと、虚偽記載や不記載はなくならないでしょう。

このペナルティは、政党交付金を受けていた政党が、補助金を受けている企業から政治献金を受領していた場合など違法な寄附を受領していた場合にも、適用すべきです。

3　使途不明金の根絶のための改革

◆公開度を高める！

国会議員ら政治家は、政党支部を含め複数の政治団体で政治資金を集めて支出しています。例えば、安倍晋三首相は「自由民主党山口県第4選挙区支部」「晋和会」「安倍晋三後援会」「山口政経研究会」「東京政経研究会」「山口晋友会」と六つの政治団体をもっています。

2007年12月の政治資金規正法改正では、いわゆる「国会議員関係政治団体」という政治団体の場合、政治資金（経常経費と政治活動費）の支出の透明度が一番高く、人件費を除く支出の明細を記載する基準を5万円超から1万円超に引き下げられ、かつ、1万円以下の支出の領収書（少額領収書）についても開示請求できる仕組みがあります。一方、「国会議員関係政治団体」以外の政治団体については、透明度が低く、この少額領収書開示請求の仕組みもありません。

ところで、同法は、国会議員の政治団体（正確には「特定の衆議院議員又は参議院議員に係る公職の候補者を推薦し、又は支持することを本来の目的とする政治団体」）であっても、当該政治団体に寄付をして税制上の控除を受ける特典（租税特別措置法第41条の18第1項第4号）のないものは、「国会議員関係政治団体」ではないと定めているため（第19条の7第1項第2号）、国会議員の政治団体の中には、詳細な収支報告をすることや少額領収書の開示請求を受けることを回避するために、当該政治団体に寄付をして税制上の控除を受ける特典を放棄し、「国会議員関係政治団体」になることを回避しているものがあるのです。

例えば安倍晋三首相の前述の六つの政治団体はすべて「国会議員関係政治団体」になっています。しかし、麻生太郎財務大臣の政治団体としては「自由民主党福岡県第八選挙区支部」「素淮会」「麻生

【参考】支出の明細の記載及び領収書等の写し等の添付の基準

	国会議員関係政治団体（平成21年分から）	資金管理団体（国会議員関係政治団体以外）（平成20年分から）	その他の政治団体（国会議員関係政治団体及び資金管理団体以外）
○経常経費			
人件費	×	×	×
光熱水費	1万円超	5万円以上	×
備品・消耗品費	1万円超	5万円以上	×
事務所費	1万円超	5万円以上	×
○政治活動費			
組織活動費	1万円超	5万円以上	5万円以上
選挙関係費	1万円超	5万円以上	5万円以上
機関紙誌の発行その他の事業費	1万円超	5万円以上	5万円以上
調査研究費	1万円超	5万円以上	5万円以上
寄附・交付金	1万円超	5万円以上	5万円以上
その他の経費	1万円超	5万円以上	5万円以上

※「×」は記載・添付不要を表します。
※年の途中に国会議員関係政治団体以外の政治団体の期間があった場合には、その期間の記載・添付については政治団体の区分に応じ、右の欄の基準となります。

太郎後援会（麻生太郎と21世紀の会）」「為公会」の四つがありますが、このうち前三者は「国会議員関係政治団体」ですが、「為公会」は、そうではありません。「為公会」の2014年分の政治資金収支報告書によると、収入も支出も約1億円あり、決して無視・軽視してよい政治団体とは言えません。また、このような大物議員でなくても島根の1年生参議院議員の青木一彦男議員（今年再選）なども、「国会議員関係政治団体」として公表されている政治団体以外に「その他の政治団体」である「三光会」「一心会」「みなづき会」などを有しています。これでは、国会議員の政治団体の透明度は高まりません。

したがって、寄付の税制上の優遇措置を受ける団体であるかどうかに関係なく、国会議員の政治団体は、「国会議員関係政治団体」になるよう法律改正すべきです。

また、都道府県知事や市町村長の政治団体や、地方議会の議員の政治団体は、「国会議員関係政治団体」ではないので、政治資金の公開度は低いままです。

したがって、都道府県知事、市町村長、地方議会の議員の政治団体の政治資金の公開度を高めるために、「国会議員関係政治団体」は、都道府県知事、市町村長、地方議会議員の政治団体を含めた「政治家関係政治団体」（または「国会議員関係等政治団体」）に改めるべきです。

さらに、収入の公開度を高めるために、寄付収入の公開基準を現在の「年間5万円超」から「年間5万円」にし、政治資金パーティー収入の公開基準を現在の「1件につき20万円超」から寄附収入公開基準と同じ「年間5万円」にすべきです。

◆政党の個人や内部組織への寄付の禁止を！

実質的な使途が報告されず不明である問題もあります。その第一は、政党の本部または支部が衆参の国会議員ら個人に寄付し、それが使途不明金になっている問題です。

実は、舛添氏は、都知事になる前、代表を務めていた新党改革本部から「組織活動費」における「組織対策費」名目で寄付を受け、それが何に使われたのか全く不明なのです。新党改革の政治資金のほとんど（例えば2012年は84%）は「政党交付金」（税金）なので、事実上税金が使途不明金になっているのです。この手法は、舛添氏がかつて所属していた自民党の本部が行い続けている手口なのです。

自民党本部の政治資金の約4分の3（例えば2013年は73％）は政党交付金。カネに色はついていないので、政治資金はすべて政党交付金（税金）だと思って大事に支出し、使途を詳細に明らかにする必要があります。ところが、自民党にはその意識がないようです。

自民党本部は、すでに詳しく紹介したように、幹事長を中心に数名の国会議員に対し「政策活動費」名目で寄付を行ってきました。自民党山口県支部連合会も同様の寄付をしていました。この手口を模倣している政党があり（参照、上脇博之『告発！政治とカネ』かもがわ出版・2015年38頁―43頁）、新党改革の「組織対策費」もその一つでした。舛添氏は自民党時代にこの手口を批判せず、新党改革で真似て実行したのです。

また、自民党東京都支部連合会は自らの内部組織に同様の寄付をしていました。

したがって、使途不明金をなくすために、「政策活動費」名目であれ、「組織対策費」名目であれ、政党の本部又は支部が個人や内部組織に寄付することは、法律で禁止すべきです。政党交付金を議員交付金又は候補者交付金にしないためにも、この禁止は必要です。

◆「文書通信交通滞在費」も「立法事務費」も使途報告を！

使途不明金になっている第二は、「文書通信交通滞在費」です。これは、国会法（第38条）および「国会議員の歳費、旅費及び手当等に関する法律」（第9条）により「公の書類を発送し及び公の性質を有する通信をなす等のため」に、衆参の国会議員に毎月100万円（年間1200万円）交付されている公金です。使途報告が制度化されていないため、違法な目的外支出に対する制度上の歯止めがなく、公的ではない政治や選挙における裏金になっている可能性がありますし、各議員のポケットマネーになっている可能性があります。その使途を自主公開している「おおさか維新の会」の議員の中には、現に政治活動に違法支出している者がいます。

それを防止するためには、「文書通信交通滞在費」については使途報告を法律で義務づけ、年度末または任期終了・議員辞職の時点で残金があれば、国庫に返還させるよう義務づけるべきです。

また、衆参の各「会派」には、「国会における各会派に対する立法事務費の交付に関する法律」に基づき、毎月議員1人当たり毎月65万円に所属議員数を乗じた公金が「立法事務費」として交付されています。これは、各「政党」のほとんどが「政治資金収支報告書」で収入として記載しているようですが、これは改善されるべきです。

「会派」は公的なものであり、「政党」は私的なものですし、「立法事務費」は公金であり、地方議会における「政務活動費」に相当するもので、政治資金ではありませんから、「会派」に交付された公金を「政党」の「政治資金」にしてはなりません。ですから、「立法事務費」については、独自の使途報告制度を新設すべきです。

文書通信交通滞在費と立法事務費の各使途報告制度については、虚偽記載または不記載の場合、罰則が課されるべきです。

◆政党交付金使途報告と政治資金収支報告の峻別を！

「立法事務費」を政治資金にしてはならないので独自の使途報告制度を設けるとなると、政党の政治資金収支報告書には「立法事務費」の使途は報告されないことになります。

　ところで、現在、政党の政治資金収支報告書には、「立法事務費」のほか「政党交付金」も一緒に収支報告されています。つまり、政治資金の収支報告には、政党交付金の使途報告も含まれているのです。

　しかし、税金である政党交付金の使途と税金ではない政治資金の収支とは、それぞれ峻別されるべきですから、政治資金の収支報告では、政党交付金の使途報告をさせず、政党交付金を除外した政治資金の収支報告だけをさせるべきです。これによって、税金の使途報告と税金でない収支報告は峻別されることになります。前述したように、政党交付金は使途の制限をするのであれば、尚更です。

　また、政党交付金を受け取っている政党の場合、その政治資金も、本部から支部への資金移動や支部間の資金移動を別にすれば、他への寄付を禁止するなど、支出制限すべきです。政党交付金で政治資金がバブル状態になるため、政治資金の不必要な支出がなされるので、政治資金も支出制限すべきだからです。そのような支出制限は憲法が保障する結社の自由や政治活動の自由（第21条）を侵害するとの理由で支出制限に反対するいうのであれば、政党交付金を定めている政党助成法は廃止するしかないでしょう。

おわりに

猪瀬直樹氏に続き舛添要一氏が「政治とカネ」問題などで東京都知事を辞職しました。そこには、マスメディア（特にテレビ）による調査報道がありました。マスメディアが本気で報道すれば、政治家の政治資金問題が明らかになり、辞職に追い込めることがわかりました。また、国民・都民は、政治資金問題における違法性の観点だけではなく、政治的・道義的な観点にも注目し、政治資金のセコイ支出でも辞職を求めました。こうして政治家の辞職のハードルは大きく下がりました。

その影響で、自民党東京都支部連合会は、都知事選の候補者選びでは、国会議員以外の者を選考基準にしたようです。自民党の国会議員であれば誰でも大なり小なり「政治とカネ」問題を抱えているからのようです。そのこともあって、同党の小池百合子衆議院議員が推薦願いを提出したのに推薦せず、政治団体をもたない増田寛也元総務大臣を推薦しました。

ところが、小池候補は、推薦を得られなかったことを利用して、まるで都知事選を「独り」で闘っているように装いましたが、実際には、本書で指摘したように政治資金で構築した関係も利用して組織選を展開していました。つまり、自民党は事実上の分裂選挙を行ったのです。解散した「みんなの党」の残党（都議会会派「かがやけＴｏｋｙｏ」）も小池支援を決め、その組織戦に加わっていました。

小池新都知事については立候補表明直後から早速「政治とカネ」問題が報道されましたが、その報道はマスメディアの一部にとどまり、ほとんどのマスメディアが報道しませんでした。そのお陰もあって、小池候補は新都知事に当選しました。

しかし、第2章で指摘したように、小池新都知事の政治資金は、マスメディアが本気で調査報道すれば「二度あることは三度ある」になる可能性があると言えるほど、セコイものから政治資金規正法違反の疑いのあるものまで様々な問題をかかえています。

また、安倍首相は、8月3日の内閣改造で、これまで「政治とカネ」問題が報じられた森山裕農水大臣、馳浩文部科学大臣、高木毅復興大臣を再任しませんでした。就任期間が短かったので、事実上の更迭と評することができるかもしれません。

一方、本書でも政治資金問題を指摘した高市早苗総務大臣や、紙幅の関係で割愛した政治資金問題を抱える複数の大臣を再任しています。マスメディアが前者につき大きく報道していませんし、後者につき問題を知らないからでしょう。

丸川珠代環境大臣は五輪大臣に抜擢されましたが、ほぼ同時に発売された「週刊新潮」(2016年8月11日・18日夏季特大号)は、丸川大臣が代表を務める「自由民主党東京都参議院選挙区第4部」の12年から14年の領収書をチェックしたところ、セコイことに、自宅で購読している新聞の代金が政治資金から支出されていたこと、上下水道代は基本料金しか支出されておらず事務所は使用実態のない「幽霊部屋」ではないか、と報じました。

安倍首相は、過去に政治資金問題を報じられた議員を入閣させてもいます。今村雅弘復興担当大臣と鶴保庸介沖縄北方担当大臣は、六本木や新橋のキャバクラの飲食代を「政治資金」から支払っており、とくに今村大臣の場合は、06～08年にキャバクラ代の計上が発覚し批判されたのに、09年も堂々とキャバクラ代を「政治活動費」として計上していました（飲食費106万円）。山本幸三地方創生担当大臣は「政治資金」で税優遇を受けていたことが発覚していましたし、金田勝年法務大臣は07年に議員会館が主な事務所だったのに3600万円もの事務所費を計上していました（「新大臣の疑惑を東京地検特捜部が調査か　甘利氏の〝政治とカネ〟を超える大問題に」日刊ゲンダイ2016年8月6日6時10分）。

山本公一環境大臣は、「盛運汽船」というフェリー会社の創業者の2代目で、1992年まで社長を務めていました。その後、同社の社長は山本大臣の妻で、長男が取締役という同族企業ですが、赤字航路のため国と自治体から毎年、離島航路を維持する目的の補助金（2013年1億8000万円。14年と15年はそれぞれ2億6000万円）を受け取っており、役員報酬は役員全体で約1900万円の報酬を得ていいました。12年7月に朝日新聞が報じると、翌月から役員報酬は主に妻の870万円だけになり、長男らは大半を給料でもらう仕組みに変更したそうです。つまり、赤字経営なのに高額の役員報酬を受け取っていたのです（「辞任1号か　山本環境相『補助金で私腹肥やす』報道の過去」日刊ゲンダイ2016年8月8日）。

その山本環境大臣は、超党派の真珠振興議員連盟の会長で、今年6月に成立した、真珠生産業者の経営安定を図る真珠振興法の議員立法に携わってもいましたが、自身の資金管理団体が12〜13年、真珠製品の購入のため計31万5000円を支出したことが発覚し、8月5日の閣議後記者会見で「この方に着けていただければ振興につながると、良い真珠を贈らせていただいたのは事実」と贈答目的での購入を認め、贈ったのは選挙区外の人で「まったくもって適切」と弁明したと報道されました(「政治資金で真珠製品購入、山本環境相『適切』」読売新聞2016年8月5日12時30分)。

しかし、選挙区外の者に対して真珠製品を寄贈することは政治活動とは評しえませんし、政治資金から支出するのではなく、個人のポケットマネーで行うべきですから、舛添要一前都知事と同じようにセコイ支出であると同時に政治資金規正法の虚偽記載罪に違反する疑いもあります。それなのに更迭されていません。

さらに、自民党の組織的問題も発覚しました。新防衛大臣の稲田朋美衆議院議員の資金監理団体「ともみ組」が2012年～14年分の政治資金収支報告書に添付された、政治資金パーティ券を購入した際の領収書に書かれている金額、宛名、年月日の筆跡が同じものが、約260枚、計約520万円分ありました。これにつき、自民党内部で白紙領収書のやりとりがなされ、それに金額などを書き込むことが慣習になっている、と稲田朋美防衛大臣の事務所が認めました。白紙領収書発行の疑惑のある大臣は他に少なくとも10名いるようです(しんぶん赤旗日曜版2016年8月14日)。

これは極めて重大です。政治資金規正法は領収書の徴収を義務づけていますが、これはカネの流れを客観的に証明するのが目的で、領収書が真正であることが大前提です。白紙の領収書ではその前提が崩れます。そこに書き込まれた金額が真実と客観的に証明できないことになるからです。このような慣習を自民党が組織的に続けてきたことは、政治資金の透明性を要求している政治資金規正法の趣旨に反する行為を組織的に行ってきたことになり、大問題です。裏金づくりも可能だからです。

元自民党の舛添要一前都知事や自民党の小池百合子新都知事の場合、宛名や但し書きの書かれていない領収書が横行していましたので、この問題は、政治資金パーティー券の購入の場合に限定されないのではないかと疑念も広がります。

いずれにせよ、自民党には、やはり「政治とカネ」問題のない清廉な議員がいないようです。マスメディアが本気で調査報道すれば、安倍首相を含め多くの大臣が辞任に追い込まれることでしょうが、それは、いつのことになるのでしょうか?

そもそも議会制民主主義が成立するための条件としては、普通選挙のほかに、無所属も立候補できる完全比例代表選挙の採用など複数ありますが、政治資金の健全性もその一つです。その実現のためにも、主権者国民による政治資金問題の厳しい監視と、国会での関係法律の改正に役立つことを切に願って、本書を緊急出版した次第です。これまで出版してきたブックレット『誰も言わない政党助成金の闇』・『財界主権国家・ニッポン』(いずれも日本機関紙出版センター)、『告発!政治とカネ』(かもがわ出版)とともに本書が〝真の政治改革〟に向けて、多くの方々に活用していただければ幸いです。

2016年8月21日

【著者紹介】

上脇　博之（かみわきひろし）

1958年生まれ。鹿児島県姶良郡隼人町（現「霧島市隼人町」）出身。加治木高校、関西大学法学部卒業。神戸大学大学院法学研究科博士課程後期課程単位取得。博士（法学。神戸大学）。
神戸学院大学法学部教授。憲法学。政党、政治資金、選挙制度などの憲法問題が専門。
政治資金オンブズマン共同代表、「憲法改悪阻止兵庫県各界連絡会」（兵庫県憲法会議）事務局長など。

単著　『なぜ4割の得票で8割の議席なのか』日本機関紙出版センター　2013年
　　　『自民改憲案 VS 日本国憲法』同　2013年
　　　『安倍改憲と「政治改革」』同　2013年
　　　『どう思う？　地方議員削減』同　2014年
　　　『誰も言わない政党助成金の闇』同　2014年
　　　『財界主権国家・ニッポン』同　2014年
　　　『追及！民主主義の蹂躙者たち』同　2015年
　　　『告発！政治とカネ』かもがわ出版　2015年
共著　『国会議員定数削減と私たちの選択』新日本出版社　2011年
　　　『新・どうなっている!?日本国憲法〔第3版〕』法律文化社　2016年

追及！　安倍自民党・内閣と小池都知事の「政治とカネ」疑惑

舛添問題の源流から考える

2016年10月1日　初版第1刷発行

著者　上脇　博之
発行者　坂手　崇保
発行所　日本機関紙出版センター
〒553-0006　大阪市福島区吉野3-2-35
TEL06-6465-1254　FAX06-6465-1255
DTP　Third
印刷・製本　シナノパブリッシングプレス
編集　丸尾忠義

ISBN978-4-88900-939-2